片桐実央の
実践！ゆる起業®
── シニア起業の成功書 ──

銀座セカンドライフ代表取締役
片桐実央
Mio Katagiri

Practice Of Yurukigyou

同友館

目次

第1章 私の起業──まえがきに代えて … 5

第2章 「ゆる起業」──シニア起業の特徴 … 11
① 60歳以上の起業が増えている … 12
② 50歳代と60歳代の起業はここが違う！ … 16
③「ゆる起業」の5原則 … 18
④ シニア起業の落とし穴 … 20
⑤ 起業分野の選び方 … 22
⑥ 起業の準備は念入りに … 24
⑦ シニア起業の心得10ヵ条 … 27
・株式会社ＪＰ企画販売サービス　代表取締役　清水　次朗さん … 28
・株式会社ギンネイル　代表取締役　川北　操さん … 29

第3章 定年後のライフプランを設計する … 31
① 生涯の収支予想を作ってみる … 32
② 起業のための資金準備 … 36
・株式会社すこやかファミリーサポート　代表取締役(設立予定)　小柳　昭彦さん … 39
・株式会社マグネット24　代表取締役　齋藤　智さん … 40

第4章 事業のアイデアを具体化する … 41
① どの分野で起業する？―3つの円で考える … 43
② セカンドライフの準備―①やりたいこと・好きなことを発見 … 44
③ セカンドライフの準備―②得意なことの発見 … 47
④ マイSWOTを考える … 49
⑤ 差別化のポイント―ペルソナ・マーケティングと競合分析 … 53
⑥ 事業環境を分析する―市場規模・動向確認 … 57
⑦ 他人に説明する … 59
・ＩＰＯテクノ株式会社　代表取締役　加瀬　滋さん … 61
・グッドタイム出版　代表　武津　文雄さん … 62
・ＫＦトレーディングカンパニー合同会社　代表　福島　賢造さん … 63

第5章 事業計画書を作成する … 65
① 事業計画書とは … 66
② 事業計画書の書き方とポイント … 67

第6章 売れる仕組みを考える──マーケティングとは … 87
① 商品・サービスの優先順位を決める … 88
② ポジショニングマップを作る … 90
③ 集客・販売方法の検討 … 92
④ Web媒体の活用 … 99

- ⑤ 他社サイトの活用 ･･ *101*
- ⑥ AIDMAの法則―購買プロセスに着目し、お客様との関係を構築する ･･･ *103*
  - ・株式会社ランビー　代表取締役　服部　真さん ･･････････････････ *105*
  - ・株式会社 Jewel Box Music　代表取締役　久保　晴也さん ･･････････ *106*

第7章　起業形態の選択 ･･ *107*
- ① 個人事業主と法人の違い ･･ *108*
- ② 法人組織の種類と違い ･･ *110*
- ③ 非営利型の法人設立 ･･ *113*
- ④ 法人の設立手続き ･･ *114*
- ⑤ 開業・設立の手続き ･･ *119*
  - ・合同会社インタープレイ　代表　栄坂　均さん ･･････････････････ *121*

第8章　会計・税務と融資・助成金制度 ････････････････････････････ *123*
- ① 自己資金の重要性 ･･ *124*
- ② 事業に必要な書類 ･･ *125*
- ③ 会計・税務の年間スケジュール ････････････････････････････････････ *130*
- ④ 申告方法について ･･ *131*
- ⑤ 会計・税務の実務とアウトソーシングの考え方 ･･････････････････････ *133*
- ⑥ 月次損益の計画を立てる ･･ *134*
- ⑦ 月次収支計画を立てる ･･ *137*
- ⑧ 役員報酬の決め方 ･･ *139*
- ⑨ 起業・創業資金の調達―融資・助成金 ･･････････････････････････････ *139*
- ⑩ 公的融資の申請方法と注意点 ･･････････････････････････････････････ *142*
- ⑪ 助成金制度の概要と活用法・注意点 ････････････････････････････････ *144*
- ⑫ 助成金を探す方法 ･･ *147*
- ⑬ インターネットで助成金を検索する ････････････････････････････････ *149*
- ⑭ 助成金に応募する ･･ *150*
  - ・株式会社デジタルキッズ　代表取締役　畑迫　勉さん ････････････ *152*

第9章　販路開拓・集客 ･･ *153*
- ① 集客のためのホームページ活用法 ･･････････････････････････････････ *154*
- ② ランディングページの作成 ･･ *155*
- ③ ご自身でできるSEO対策 ･･ *157*
- ④ ソーシャルメディアの活用 ･･ *163*
- ⑤ ブランディングの重要性―メディアへの露出向上 ････････････････････ *164*
- ⑥ 展示会、ビジネスプランコンテストの活用 ･･････････････････････････ *171*
  - ・株式会社タッツ・コンサルティング　代表取締役社長　辰己　友一さん ･････ *175*
  - ・株式会社イーズ・グループ　代表取締役　古舘　博義さん ････････ *176*
  - ・東京金子特許事務所　所長・弁理士　金子　宏さん ･･････････････ *177*

著者情報 ･･･ *178*

Chapter 1

私の起業
——まえがきに代えて

私は、50〜60代を中心としたいわゆるシニア層向けに、起業支援サービスをワンストップで提供している「銀座セカンドライフ株式会社」代表取締役の片桐実央と申します。シニア層の方々が充実した第2の人生——セカンドライフを送るために、何らかのお手伝いをしたいと考え、2008年、27歳のとき、シニア層の起業を支援するためにこの会社を立ち上げました。徐々に事業を拡大して、今年で6年目になります。具体的には次の3つの事業を柱として、これまでに5,000人を超えるシニア層の方々の起業を支援してきました。

①レンタルオフィスの運営
②起業家交流会や起業セミナーの開催
③起業コンサルティング及び事務サポート

　東京・銀座に始まり、現在では東京駅、横浜にも出店し、合計で5店舗（レンタルオフィス）を運営しています。いまでこそ、「シニア起業」という言葉も定着し、1,000社を超えるお客様にレンタルオフィスをご利用いただいていますが、私が会社を設立した当時、シニア起業という言葉は一般的ではありませんで

第1章　私の起業―まえがきに代えて

した。

　後の章でも述べますが、実は当時から、60歳以上の起業は増え続けていました。社会の高齢化が進み、さまざまな課題が指摘される中、シニア層の起業を支援する事業は、社会的にも経済的にも意義のある仕事だと考え、思い切って現在の会社を設立しました。

　最初は、起業コンサルティングと会社設立の事務サポート、起業家交流会の運営から開始し、起業してから2年半後、念願だったレンタルオフィスの事業に着手することができました。おかげ様で、ご利用いただくお客様も順調に増え、行政やマスコミから講演や取材、テレビ出演などのお声がけをいただく機会も増えています。

　私が若い女性ということもあって、「起業支援をするにしても、なぜシニア層を対象に選んだのか？」と聞かれることも多いので、私自身の起業のきっかけをお話ししておきたいと思います。

　私は大学卒業後、大手企業に就職し、希望していた法務関係の仕事をしていました。当時は、自分が起業するなどとは夢にも思わず、会社での仕事に邁進していたのですが、ちょうどその頃、祖母が認知症になったのです。私は小さい頃からおばあちゃんっ子で、大好きな祖母が、孫である私のことがわからなくなるような状況に直面し、介護をしながら申し訳ない気持ちが生まれてくるのを抑えることができませんでした。

　そして、「私を育てるために、自分のやりたいこともできず、元気で充実したセカンドライフを過ごせなかったのではないだろうか」という思いを持つようになり、だんだんと考えが変わって

いきました。「シニア層のセカンドライフに貢献できるような仕事をしたい」と思い始めたのです。

　そこで、漠然とでしたが起業支援に携わることを考え、転職して会計や金融の経験を積み、行政書士やファイナンシャルプランナーの資格を取得して、起業に向けた準備を始めました。公的な職業訓練も受け、起業を志す仲間と切磋琢磨したことは、現在の事業のアイデアを生み出すベースになっています。机を並べて情報交換したり、お互いの事業に対するアドバイスをしながら起業準備をしたりできたことは非常に幸運で、他人の意見を聞きながら起業を進めることや人脈構築の重要性を痛感しました。その思いから、起業のコンサルティングや事務サポートに加え、起業仲間がともに働けるような空間を提供するビジネスをしたいと思い、現在の事業を立ち上げたのです。

　当社のおもなお客様は、多くが企業に長年お勤めになり、定年前に退職して起業を目指す方や、定年と同時に起業する方々です。そのような方々から起業の相談を受け、アドバイスをしながら会社設立や独立開業をサポートし、起業後も経営や事業展開のお手伝いをしています。そして、多くの方々のお話を伺い、起業支援をする中で、シニア層の起業は、一般的な起業のイメージ、特に事業拡大や株式公開を目指すような起業とはスタイルが異なると感じていました。

　具体的には、シニア層は事業をどんどん拡大させて収入を増やしていくというより、ご自身の実務経験や専門知識を活かして、やりがいや生きがいを感じられる仕事や、社会に貢献できるような事業を志向されている方が多いということです。そして、大きな組織ではなく、１人で長く続けられる仕事を選ばれる傾向にあ

第1章　私の起業—まえがきに代えて

ります。

　私は、当社のレンタルオフィスでお客様と毎日、お話をしますが、自分の好きな、やりたい分野で起業されている方々は、本当にいきいきと仕事をしていらっしゃいます。お金をいただきながら仕事をすることで、定年後も社会とつながって役に立てているという実感を持つことができ、なおかつご自身の仕事に、やりがいを持って取り組んでいらっしゃるのです。

　私は、これこそがシニア層の充実したセカンドライフの過ごし方の1つであると思い、多くのシニア層に適した起業スタイルとして、「ゆる起業」と名づけました。「ゆるい」と言っても、「責任がない」とか「いい加減」という意味ではなく、あくまで「自分が得意でやりがいのある分野で、身の丈に合ったやり方での起業を目指す」という意味です。ここ数年の起業に対する関心の高まりもあって、私が提唱した「ゆる起業」の考え方は徐々に浸透

し、特許庁に商標登録をすることもできました。

　一方で、社会経験豊かなシニア層のすべての方がスムーズに起業できるかというと、そうでもないのが現実です。すぐに起業分野を定め、実現性の高い事業計画を立てることができる方は多くありません。得意でやりたいことを見つけることに始まり、お金をいただけるような市場性のある事業に練り上げていくためには、ご自身の経験を棚卸しして強みや弱みを把握しつつ、顧客となり得る市場を分析し、事業内容を絞り込んでいく必要があります。また、起業して事業を継続するためには、法律、会計、税金などの経営に関する知識や情報も欠かせません。

　2013年には、これまでの私の支援経験を踏まえ、シニア起業を成功させるために知っておいていただきたいことを、「『シニア起業』で成功する人・しない人〜定年後は、社会と繋がり、経験を活かす」（講談社＋α文庫）という本にまとめました。おかげ様でご好評をいただき、多くの方に読んでいただくことで「ゆる起業」の認知度が上がり、当社に起業相談やレンタルオフィス利用のお問い合わせをいただくことが増えています。

　そこで、前著をさらに掘り下げようと考え、起業全般に関してより具体的、専門的な知識や内容をご説明するために、本書を執筆しました。専門的と言っても、難しい用語はできるだけ使わず、各章に当社のお客様の起業事例などを織り込んで、読みやすい本にすることを心がけました。起業を検討する際のステップを示し、それぞれのステップに沿って説明する構成となっています。

　本書を通じて、シニア起業の本質をご理解いただき、「ゆる起業」を考える際の参考書の1つとしていただければ幸いです。

Chapter 2

「ゆる起業」
──シニア起業の特徴

前章で、私がシニア層の方々に「ゆる起業」をお勧めしていることをお伝えしましたが、ここではもう少し具体的に、その理由と内容をご説明します。

　まずは、高齢化が進む中でのシニア層の一般的な就業状況を示したうえで、起業支援の現場での経験や実感に基づいて、シニア起業の特徴やお勧めの起業の方法をご紹介します。

1 60歳以上の起業が増えている

　日本では少子高齢化が加速しています。どれくらい高齢化が進んでいるかというと、図表2-1が示すように、直近では約4人に1人が65歳以上です。これは、高齢者人口、割合ともに過去最

図表2-1 「高齢化の状況」

○4人に1人が65歳以上

	人　数	前年同月比	総人口比率
総人口	1億2,726万人	▲24万人	───
65歳以上	3,186万人	＋112万人	25.0%

総務省統計局発表（平成25年9月15日現在）

○高齢化が加速

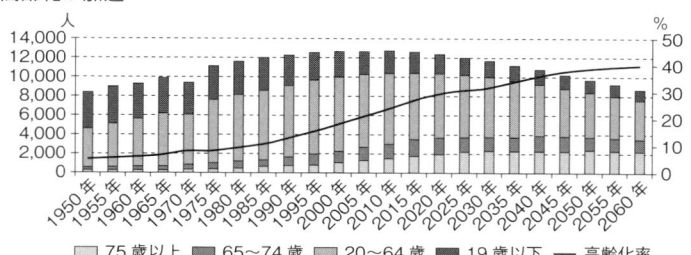

内閣府「高齢化の状況及び高齢社会対策の実施状況」（平成23年度）

第2章 「ゆる起業」―シニア起業の特徴

高です。

また、内閣府の調査によれば、2060年には2.5人に1人が65歳以上、4人に1人が75歳以上になると見込まれており、将来にわたって総人口が減少していく中で、高齢化率は大きく上昇すると予想されています。

高齢化率の上昇による社会的、経済的な変化にはさまざまなものが考えられますが、ここではシニア層の就業に関する興味深いデータをご紹介します。まずは、内閣府によるシニア層の就業意欲に関する調査の結果です（図表2-2）。

図表から、65歳までに退職したいと考えている人は全体の2割程度しかないことがわかります。裏を返せば、約8割のシニア層が65歳以降も働きたいと考えているということで、中でも「働けるうちはいつまでも働きたい」と答えている人が4割もいることが目を引きます。

一方で図表2-3は、シニア層の就業率を示したグラフです。約8割が65歳以降も働きたいと希望しているのに対し、実際に就業している方は4割弱にとどまっています。

この2つの図表から、シニアの方の高い就業継続意欲が必ずしも実際の就業に結びついていない現状がわかります。

図表2-2 「シニア層の就業意欲」

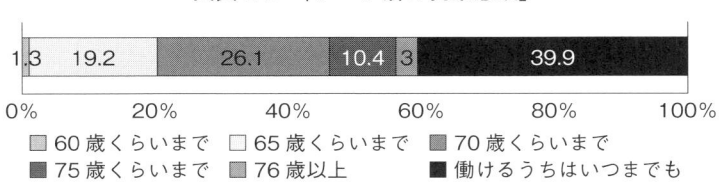

内閣府「高齢者の地域社会への参加に関する意識調査」（平成20年）

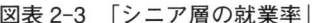

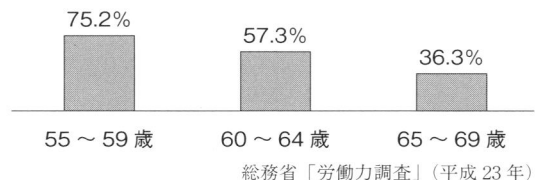

総務省「労働力調査」(平成23年)

　ではなぜ、シニア層の就業意欲はこれほどまでに高まっているのでしょうか。年金の支給開始年齢が徐々に引き上げられて、年金を受給するまでの間に収入が必要になったことも理由の1つと考えられますが、それだけではないでしょう。健康に過ごせるであろう時間が延び、60歳を過ぎても自身の持つ知識や技能、経験を活かして、まだまだ現役として社会とつながっていたい、貢献したいという意欲を持つ方が増えているのです。これは、私が日々、起業のご相談を受ける中で実感していることでもあります。

　それを裏づける調査結果が、図表2-4です。シニア層の就業希望理由として、「健康を維持したい」、「収入を得る必要が生じた」、「知識や技能を活かしたい」を挙げる人が多く見られます。

　シニア層が就業する際の選択肢としては①定年後の再雇用、②再就職、③起業、の3つが考えられますが、中でも、③の起業を選ぶ人が増えています（図表2-5）。年齢層別に、起業家の割合の推移を表したものです。

　この統計によれば、50歳以上の起業家の割合が、1979年には2割弱だったのに対し、2007年には4割強とほぼ倍増しています。60歳代だけに注目すると、約30年間、一貫して割合が増加しており、2007年には3割弱を占めるまでに至っています。

第2章 「ゆる起業」―シニア起業の特徴

図表 2-4 「シニア層の就業希望理由」

		失業している	収入を得る必要が生じた	知識や技能を活かしたい	社会に出たい	時間に余裕ができた	健康を維持したい	その他
男	総数（55歳以上）	18.5	15.7	12.4	5.4	9.2	23.5	15.3
	55～59歳	52.5	13.3	7.2	4.7	2.4	5.9	13.8
	60～64歳	21.1	16.8	12.4	5.7	10.9	18.6	14.4
	65歳以上	7.7	15.9	13.5	5.4	10.4	30.6	16.1
女	総数（55歳以上）	7.4	22.8	8.2	7.9	14.5	21.2	18.0
	55～59歳	12.2	25.1	8.8	10.0	17.8	11.0	15.3
	60～64歳	8.2	22.3	7.9	8.7	15.3	19.8	17.8
	65歳以上	3.0	21.2	8.0	5.6	11.2	30.5	20.4

内閣府「高齢者の経済生活に関する意識調査」（平成23年）

図表 2-5 「年齢別起業家割合」

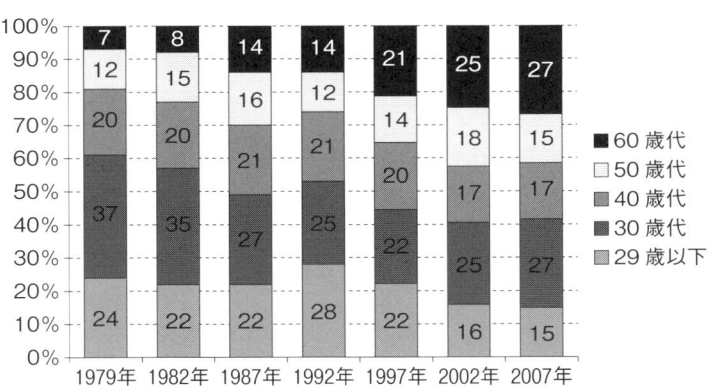

中小企業庁「2011年版中小企業白書」

　一方で、50歳代の起業家の割合には、それほど大きな変化は見られません。これについては後ほど、起業のご相談を受ける中で私が感じている、50歳代と60歳代の方の違いをご紹介します。
　平成25年4月には、改正高年齢者雇用安定法が施行されまし

た。そのため、今後は①の定年後の再雇用を選択する人が増える可能性もありますが、年収が2分の1から3分の1になる人も多く、モチベーションの低下が危ぶまれます。定年後も社会との接点を求めて起業を志す方は、ますます増えていくでしょう。

2　50歳代と60歳代の起業はここが違う！

　先ほどお話ししたとおり、シニア層の起業と言っても、50歳代と60歳代の方では、その経緯や考え方が異なっています。これは、定年前に会社を退職して起業するか、定年後に起業するかによって、大きく2つのパターンに分かれます。

　50歳代の方の場合、定年を現実のこととして実感し始める中で、現職での先行き（出世・収入など）が見えてきたことや、退職後の再就職が難しいことをきっかけに、起業を考え始めるケースが多いようです。会社での仕事と自身のやりたいこととのミスマッチから、「このままでいいのかな」と不安を感じたことがきっかけになる方もいらっしゃいます。

　これは、第2の人生の選択肢が多いうちに、早期退職して独立・起業するパターンです。このタイプの方々は、家族の生活資金がまだまだ必要で、年金の受給開始年齢には相当の年数があるため、どちらかと言うと「稼ぎたい」気持ちが強く、売上増を目指す傾向が見られます。

　一方で60歳代の方の場合は、定年まで勤め上げたものの、そのまま引退して趣味の世界に生きるのではなく、定年後も社会とのつながりが欲しいという理由で起業を考えるケースが多いよう

です。また、「長年温めてきたアイデアを実現したい」との思いがきっかけになる方も多くいらっしゃいます。

　このタイプの方々は、年金プラスアルファの収入を確保したいという希望はあるものの、それ以上に、「社会の中に居場所を持って、人の役に立ちたい、自己実現をしたい」という考えをお持ちです。そして何より、まだまだ十分に健康で体力もある年代だということも、起業を選択する大きな理由の1つでしょう。

　このように、50歳代と60歳代の方では多くの場合、起業のきっかけやパターンが異なりますが、共通点もあります。それは、両者とも「やりがい」を重視し、ご自身の経験やアイデアをもとに「身の丈に合った起業」を目指す方が多いことです。「将来的に株式公開を目指す」とか、「従業員を雇って事業拡大にまい進する」といったように、ガツガツ、バリバリ働くのではなく、目の届く範囲で大きなリスクをとらずに、やりがいを感じられる仕事を楽しむ傾向が見られ、1人で起業をする方が大半です。

　今後、65歳までの再雇用制度が確立しても、現職時代と同じ分野の仕事を、それまでの半分、あるいはそれ以下の収入で続けることへのモチベーションを保てない方や、「働けるうちはいつまでも働きたい」という方が起業を選択する流れは続いていくと考えています。私は、このようなセカンドライフに合った起業方法・形態を「ゆる起業」と名づけ、シニア層の方々が起業を検討するにあたっての基本的な考え方・原則としてお勧めしています。

3 「ゆる起業」の5原則

　私はこれまで、多くのシニア起業家の方々とお話をしてきました。その中で気づいた、成功している方々に共通する意見や考え方を、「ゆる起業　5原則」としてご紹介します。

①楽しいと思える仕事をする⇒「いっぱいいっぱい」にならない
②やりがい、生きがいを感じる仕事を選ぶ⇒「ペコペコ」と頭を下げるだけではない
③得意分野の仕事をする⇒「ハラハラ」するリスクはとらない
④投資はできる限り抑え、利益を追求しない⇒「ガツガツ」しない、できる範囲にとどめる
⑤健康が一番⇒「バリバリ」働くことは若い人たちに任せる

　①は、現役時代のように仕事優先の働き方はしないということです。「社会とのつながりを持つ」ことがシニア起業の1つの大きな目的ですから、仕事に追われて「いっぱいいっぱい」になるのではなく、ご自身が楽しいと思える仕事や働き方を見つけることが大切です。
　②は、周囲から必要とされる仕事をするということです。事業を行う以上、営業活動は不可欠ですが、相手に求められ、喜んでいただける仕事をすることが、やりがいや生きがいにつながります。謙虚であることを前提としつつ、「ペコペコ」と頭を下げなくてもある程度の売上が確保できるような、社会から必要とされる分野で起業を考えていただきたいと思います。

③は当然のことと思われるかもしれませんが、相談を受けていると時々、未経験の分野での起業を考えている方がいらっしゃいます。たとえば、食品とはまったく関係のない仕事をしていた方が、「食べ歩きが好きで食べ物に非常に詳しいので、飲食店を開きたい」といったケースです。

　ここで申し上げておきたいのは、小規模でも会社や事業を運営していくには、法律や会計、税務、資金繰りなど、さまざまな業務をこなさなければいけないということです。ご自身で勉強したり、各分野の専門家の力を借りたりしながら、間違いのないように進めなければいけません。それだけでも、思った以上に時間と労力がかかります。ましてや、未経験の分野を本業とすることは避けるべきでしょう。お客様や家族を「ハラハラ」させることなく、経験を活かせる分野で安定感のある事業を検討することが、シニア層には特に求められると思います。

　④は、できるだけ長く楽しく、生きがいを感じながら働くために大切なことです。売上と利益を上げることだけを目指して、事業拡大に「ガツガツ」しすぎると、それに比例してリスクも高まっていきます。特に、多額の設備投資や在庫を必要とするような分野は避けるべきです。本来の起業目的である「社会とのつながりを持つ」、「やりがいや生きがいのある」仕事から大きく外れてしまいかねません。場合によっては、多額の借入金を抱え、返済のために退職後の生活が成り立たなくなる恐れもありますので、ご自身の目の届く範囲での起業を心がけるべきでしょう。

　⑤は、現役時代のように「バリバリ」働くことは若い世代に任せ、健康を第一に考えてあまり無理をせず、やりがいのある仕事をしていくことがポイントだということです。経験上、少しでも

多くの利益を得ようと、寝食を忘れてまで仕事に打ち込むのではなく、ご自身の気力・体力と相談しながら、やれることを絞り込んでいる方のほうが、息の長いお仕事をされているように思います。

　以上が、シニア起業で成功するために私が重要と考える５つの原則です。
　「ゆる起業」とは、決して「いい加減な起業で良い」という意味ではありません。でも私は、起業というものをあまり堅苦しく考える必要はないと思っています。少しでも「ゆる起業」に興味を持たれた方は、ご自身の充実したセカンドライフを検討する際のベースとして、ぜひ参考にしてみてください。

4 シニア起業の落とし穴

　ここでは、シニア起業で陥りがちな落とし穴についてお話しします。シニア起業の強みは、豊富な経験や人脈を活かせることですが、逆にその経験が弱みにつながってしまうこともあります。起業する際、次の項目にご自身が当てはまると思われたた方はご注意ください。

①現役時代のつてをあてにしすぎる
　起業すると、前職やその取引先に営業をしに行く方もいらっしゃいますが、あまりあてにしすぎないようにしましょう。前職の関係者も断りにくく、困っているかもしれません。起業した当

初は多少あてにしたとしても、それ以降は独り立ちしなければなりません。

②横柄な態度をとる

　挨拶や言葉遣いなど、相手に話を聞いていただいているという姿勢が大切です。

③前職の会社名や役職を名刺に書く

　会社の看板が外れたいま、今後はあなた個人として信頼づくりを始めなければなりません。起業したての新人であることを意識しましょう。経験が豊富であることを説明するために、話の中で前職の名前が出てくるのは大丈夫ですが、名刺に「元○○商事」などとは書かないほうが良いでしょう。

④市場調査もせず、過度の自信を持つ

　起業する方はある程度、夢や思いが必要だと思いますが、具体的な根拠もなく「絶対に売れる！」と思い込むのはやめましょう。調査をしたり、誰かの意見を取り入れたりしながら進めるほうがうまくいきます。

⑤過去の成功体験に固執しすぎる

　大手企業に勤めていらした方ほど、前職の成功体験事例をそのまま起業後も行おうとされます。会社規模や仕事環境、お客様そのものも変わる中、同様に行っても良いかを再確認しましょう。

⑥初期投資をかけすぎる

　元気に働ける年数は限られています。初期投資をかけすぎると、回収に時間がかり、挽回するのが大変です。これでは、せっかくの「ゆる起業」も台無しになってしまう可能性があります。年金や退職金を使い果たさないよう、「小さく始めて徐々に広げる」ことが大切です。パソコンや名刺の準備のほか、法人登記を

しても、経費として50万円程度あれば、事業は開始できると思います。お店を開くなど、初期投資のかかる事業の場合は、それ相応の準備が必要です。

⑦人に相談をせず、すべて自分で進める

家族や友人、取引先、行政や起業支援の会社などに相談することをお勧めします。人に相談してアドバイスをもらうと、新たな「気づき」を発見できることもあります。失敗するリスクを減らすために、より良い計画を作り上げましょう。

⑧お金にこだわりすぎる

お金はもちろん大切ですが、1人で起業すると、前職での取引金額とは比較にならないほど、金額が小さくなります。中には「この金額ではやってられない」とおっしゃる方もいらっしゃいます。起業は最初から儲けることを考えるのではなく、人に感謝されながらお金をいただける、とてもやりがいのある仕事と捉えたほうがよいです。

いかがでしょうか。以上の項目に当てはまった方は、気をつけましょう。ご自身の好きな仕事で起業し、無理をせず、適度な収入を得る「ゆる起業」を心がけることが大切です。

5 起業分野の選び方

セカンドライフをアクティブに生きる手段として起業を選択したとき、まず考えなければいけないのが、「どの分野で起業するか」です。くり返しになりますが、大切なのは強みを活かせて、

第2章 「ゆる起業」─シニア起業の特徴

生きがいを感じられる分野を選ぶこと。シニア層の強みとは、サラリーマン時代に培った実務の豊富な経験やノウハウ、スキル、人脈でしょう。これらは一朝一夕に獲得できるものではなく、シニア層の起業の成功要因となり得る大切な資産だと思います。

　起業分野を決めるためのアイデアの出し方や、具体的なビジネスプランの作り方については、4章で詳しくご紹介します。ここでは、大まかな考え方や心構えを示しておきたいと思います。

・ローリスクの仕事であること
・自身の持つ知識や経験、人脈を活用できる仕事であること
・やりがいのある仕事を楽しむ、という気持ちを持つこと
・社会に役立つと感じられる仕事を選ぶこと
・年齢に関係なく働ける仕事であること

　気をつけておきたいのが、前職の会社との関係です。前職の会社から仕事を請け負うことは、経験や人脈を活かせるうえ、起業の初期段階では確実に売上を上げられるという意味で、大きな安心感につながります。しかし、いつまでもその仕事をメインにしてしまうと、定年後の再雇用と大きな違いはなく、「やりがいのある仕事を楽しむ」という目的を達成できないかもしれません。また一見、ローリスクではありますが、会社側も担当者は変わっていきますので、いつまでも仕事があるとは限りません。

　「ゆる起業」の意義はやはり、ご自身のアイデアを活かして、やりがいのある仕事を楽しむことにこそあります。最初は前職とのつながりで仕事をするにしても、できれば徐々にその比重を下げ、経験やアイデアを活かすビジネスへと軸足を移していったほ

うが、セカンドライフをより充実させることにつながるのではないでしょうか。

6 起業の準備は念入りに

　起業することを決めたら、できるだけ早く準備を始めることをお勧めします。準備段階でさまざまな課題が明らかになり、場合によっては起業する分野を変更せざるを得ないこともあるからです。状況の変化に柔軟に対応できるよう、幅広い準備を念入りに行うことが成功への第一歩です。

　在職中の方は、本業に影響のない範囲で、退職前に準備を始めましょう。経営に関する知識の習得や人脈づくりのために、たとえば当社が開催しているような起業セミナーなどに参加するのも1つの方法です。また、事業内容によっては資格を取得することも必要です。私の場合も、起業支援を行うために行政書士とファイナンシャル・プランナーの資格を取得していたことで、スムーズな起業ができました。

　企業などにお勤めの方は、これまではご自身の業務に専念していればよかったわけですが、起業後は、会社の他部署が担当していた資金や経理、税金、法律、社会保険、IT関連など、幅広い業務を1人でこなさなければなりません。もちろん、専門家に外注できる分野もありますが、経営者が最低限の基本を理解しておくことは、事業を安定的に継続するうえで非常に重要です。

　また、起業家交流会などには積極的に参加しましょう。多くの起業家や、起業を予定している方、専門家が参加されていますの

第2章 「ゆる起業」―シニア起業の特徴

で、名刺交換をして相手の事業のアイデアを聞くだけでも勉強になりますし、仕事のきっかけができるチャンスもあります。その際は、ご自身のアイデアを一方的に話すのではなく、自分がその人に何かしてあげられることはないだろうかという姿勢で、相手の話にもじっくりと耳を傾けることが大切です。

シニア起業家の中には、営業トークを苦手とされている方も多くいらっしゃいますが、交流会に参加すると、ご自身のアイデアを話す機会も増えます。初めは上手に説明できなくても、場数を踏むことで上手になっていくものです。

もう1つ、他人にアイデアを話すことには、「こうしたほうがもっとうまくいくのでは」とか、「それはすでにやっている会社があるから、参入は簡単ではない」といった新たな視点でのフィードバックが得られ、事業計画を見直すきっかけになるメリットもあります。相手に理解してもらえるよう、簡潔にまとめて話す訓練を重ねることで、自身の事業について的確に説明できるようになりますので、起業後の営業トークを磨くことにもつながるでしょう。

さらに起業に際しては、事業計画書を作成することも大切です。頭の中でアイデアをあれこれ考えるだけでなく、第三者に聞いてもらい、アドバイスをもらいながら、少しずつ具体的にしていきましょう。事業計画書は、起業とその後の事業展開の大きなポイントの1つですので、5章で詳しくご説明します。

起業のためには、資金の準備が必要です。起業にはさまざまな費用がかかりますし、起業後に金融機関から融資を受ける場合はもちろん、国や自治体、公的金融機関などの助成金も、ある程度の自己資金がなければ承認してもらえません。

そのほかに押さえておくべきことを、以下に挙げておきます。

・個人事業か、法人を設立するのか
・許認可が必要な業種かどうか
・会計記帳や税務申告をどうするか
・ホームページはどのように制作するか
・会社案内や名刺をどのように制作するか
・事務所の場所をどこにするか
・打ち合わせスペースをどのように確保するか
・パソコン、複合機、会社印鑑などの備品をどうするか
・E-mailアドレス、電話番号、FAX番号をどうするか

図表2-6 「全体的な起業までの流れ」

①事業内容を決めましょう

もっとも重要です。事業内容を決め、より具体的にしていきましょう。

②起業をする前に、資金・収支計画を立てましょう

起業に必要な資金を把握し、自己資金がどれくらいあるのかを確認する必要があります。開業資金が足りない場合は、融資や返済不要の助成金の活用も検討しましょう。

③事業計画書を作成しましょう

紙に書いて人に見せることで、さまざまな意見をもらうことができます。

④起業形態を検討しましょう

起業形態はさまざまですので、どの形を採用するのかは事業内容や考え方によって異なります。ご自身に合った起業形態を探しましょう。

⑤いよいよ開業です

名刺や会社案内のほか、チラシ、ホームページ、ブログなどを考えましょう。また開業時に机、パソコン、ファックス、挨拶状など何が必要なのかを考え、準備しましょう。

起業準備には時間をかけ、家族にもきちんと説明する必要があります。起業には、何よりも家族の理解と協力が欠かせないからです。このような準備を念入りに行うことで、何度も事業計画を見直すことにつながり、より確実な事業を立ち上げられます。それぞれの詳細は、後の章で具体的にご説明します。

前頁で、全体的な起業までの流れを整理しました（図表2-6）。ご自身でやるべきことについて、おおよそのイメージを持っていただいたうえで、読み進めていただければと思います。

7 シニア起業の心得10ヵ条

シニア起業にあたって気をつけておいたほうが良いことを、「心得10ヵ条」としてまとめました。

①上から目線にならない
②経験と人脈を活かす
③フットワークは軽く。情報収集のために、交流会に積極参加
④営業トークを体得。要点を簡潔に
⑤柔軟性を持ち、お客様のニーズに合わせて方針転換
⑥起業目的は、やりがいのある仕事の継続。利益追求ではない
⑦リスクを負わない。借金をしない。資金収支計画は必須
⑧事業計画は具体的に立てて、常に見直し、磨き上げる
⑨助成金活用やランニングコスト低減により、資金繰りを円滑化
⑩自社紹介は口コミだけに頼らない。HP、ブログ、SNS、メールマガジンを駆使

「再雇用から起業へ　食品宅配で
　ひとり暮らしのお年寄りを手助けする」

株式会社ＪＰ企画販売サービス
代表取締役

清水　次朗 さん（66歳）

　私は都内の食品会社に長年勤務していて、60歳の定年後も再雇用され、契約社員として仕事をしていました。まだまだ働きたいと思っていたのですが、63歳のときに会社から退職を促されたことで、起業を考えるようになりました。

　私は靴に非常に強い思い入れがあり、ファッションや機能に関する専門的な知識も勉強していたので、事業として靴の製造・販売をするプランを描いていたんです。でも、片桐さんに相談したところ、「未経験の分野で起業するのはリスクが高いので、まずはこれまでの実務経験を活かせる仕事から始めて、徐々に靴の製造販売に向けて準備してはいかがですか」とアドバイスを受けました。そこで、「靴の材料調達先や販路をどのように開拓するか」などの課題を明確にして、靴の事業は徐々に取り組んでいくこととして、まずは食品会社での経験や人脈を活かせる事業を検討しました。

　これから都心でも、ひとり暮らしの高齢者が増えていくことは間違いありません。いろいろと考えた結果、「ひとり暮らしのお年寄りの手助け」をコンセプトに、食品の宅配サービスを事業とすることに決めました。

　現在は、食品に限らず日用品の配達など、便利屋的なニーズも高まると考えて、「宅配専門まいど屋」というサービスを提供しています。食品を中心に据えたサービスを企画しながら、夢である靴の製造に向けて、委託販売や製品企画なども手がけているところです。

第2章 「ゆる起業」―シニア起業の特徴

「ネイルサロンを経営
　ライフスタイルに合わせて起業する」

　　株式会社ギンネイル
　　代表取締役
　　川北 操 さん（59歳）

　私の主人は、江戸時代から続く青果卸の5代目として、銀座で会社を経営しています。私も、家業を夫とともにやってきました。そんな私ですが、6年前にネイルサロンで起業をしました。私が起業を考えたのは、以前から人が美しくなることのお手伝いをして、その方の笑顔を見たいと思っていたからです。また、1日のうち夜の時間に空きがあり、主人の家業とは別に、自分で事業をやりたいという気持ちもありました。

　そこで、ネイルサロンを経営する友人の紹介で、コンサルタントの方にアドバイスをいただきながら、半年ほどの準備期間を経て会社を設立し、主人の会社の2階に「GinnNail」という名前のサロンをオープンしました。片桐さんには、助成金の申請などさまざまなサポートをしていただいています。私自身は施術には携わらず、ネイリスト検定1級を持つスタッフを採用しています。私がお店に出るのはおもに夜ですが、お客様との会話から、どのようなサービスや接客が求められているのかをきちんと把握するように努めています。

　主人は若い頃からのうどん好きが高じて、青果だけでなく、4年前には会社の1階にうどん屋をオープンし、八百屋ならではの産地直送野菜を使ったヘルシーなうどんの提供も始めました。もちろん私も、うどん屋にも出ています。現在、朝は青果卸、日中はうどん屋を手伝い、夜はネイルサロンと充実した毎日を送っています。

　ネイルサロンでもうどん屋でも、現場に立ってお客様と接することをモットーに、自分のライフスタイルに合わせて、楽しみながら事業をできていると思います。

Chapter 3

定年後のライフプランを設計する

前章まで、シニア起業に関する全般的なお話をしてきました。本章以降は、起業に至るまでのステップについて、順を追ってご説明します。

　まず、セカンドライフをどのように過ごしたいのか、ご自身の今後のライフプランを考えていただきたいと思います。その中心となるのは、やはりおカネです。年齢とともに収入と支出、貯蓄などがどのように推移していくのか。概算で結構ですので、まずは今後の生活に資金がどれくらい必要かを把握してください。

　起業のアイデアを思い巡らすのは楽しいものですが、そろばん勘定をせずに進めてしまうと、どの程度までおカネを事業に投入して良いのかがあいまいで、気づいたときには生活を守れなくなっていた、という事態にも陥りかねません。目指すべきは、ローリスクで仕事を楽しむ「ゆる起業」です。まずは、生活の基本である家計の維持を第一に考えてください。定年後をどのように過ごしたいのかをよく考え、ライフプランを慎重に作ることが、起業準備のスタートラインになります。

1　生涯の収支予想を作ってみる

　ライフプランは、図表3-1のように収支予想表をエクセルで作成することをお勧めします。ここでは、2つのパターンを例示しています。ケース1は「会社勤務を続け、60歳で再雇用」、ケース2は「58歳で早期退職して起業」というパターンです。

　このように、ご自身の人生のイベントに合わせて毎年の収入と支出を記入し、何歳でいくらの貯蓄ができるのか、家計のシミュ

レーションをしていただきたいと思います。

　ここでは、総務省の「家計調査年報」にある項目別の平均支出額などを使用しています。まずはご家族と話し合いながら、実際の支出を洗い出してみてください。今後の家族状況に応じて、子どもの教育費や住宅のリフォーム費など、支出計画を立てていただきたいと思います。

　自動引き落としをされている各種経費なども、見落とさないようにしましょう。各種税金とは、収入に基づいてかかる所得税、住民税、社会保険料のことです。退職金にも課税されます。自宅を所有されている方は、固定資産税も忘れないようにしてください。

　支出項目は、できるだけ細かくモレのないようにチェックし、保守的な計画を立てておきましょう。状況が変化したら、その都度、見直して修正します。また、計画に入れてはあっても、万一に備えて削れる項目を、併せて把握しておくと良いでしょう。

　一方の収入は、予想しづらい点も多いのですが、現職であれば役職定年による給与ダウンや、早期退職した場合の退職金などを考慮に入れておきましょう。また、年金についても受給金額を、日本年金機構の「ねんきん定期便」や「ねんきんネット」サービスなどで調べて記入してください。

　この収支予想表を作成することによって、起業した場合にどれくらいの収入を確保すれば生計が成り立つのか、おおよそのメドを立てることができます。また、売上の目標数字など、より具体的な事業計画を作成する際の基礎資料としても有益です。

図表3-1 「2つのケースで見る家計の収支計算」

ケース1　会社の再雇用をそのまま

	年	2013	2014	2015	2016	2017	2018	2019	2020	2021
収入	夫	50	51	52	53	54	55	56	57	58
	妻	45	46	47	48	49	50	51	52	53
	第1子	15	16	17	18	19	20	21	22	23
	第2子	12	13	14	15	16	17	18	19	20
	夫収入	600	600	600	600	600	550	550	550	550
	その他									
	妻収入	120	120	120	120	120	120	120	120	120
	世帯収入	720	720	720	720	720	670	670	670	670
		第1子公立高校入学	第2子公立中学入学		第1子私立大学入学	第2子私立高校入学		第1子大学卒業	第2子高校卒業	
支出	生活費	250	253	255	258	260	263	229	232	234
	住宅ローン	140	140	140	140	140	140	140	140	140
	教育費	60	60	60	200	300	250	250	120	120
	自動車ローン	50	50							
	保険料	40	40	40	40	40	40	40	40	40
	各種税金	159	153	153	153	144	133	133	139	139
	趣味・娯楽	10	10	10	30	10	10	10	10	10
	その他	10	10	10	10	10	10	10	10	10
	合計支出	719	716	668	831	904	846	812	690	693
	収支	1	4	52	▲111	▲184	▲176	▲142	▲20	▲23
	貯蓄	701	705	757	646	462	286	144	123	101

ケース2　58歳で早期退職　起業

	年	2013	2014	2015	2016	2017	2018	2019	2020	2021
収入	夫	50	51	52	53	54	55	56	57	58
	妻	45	46	47	48	49	50	51	52	53
	第1子	15	16	17	18	19	20	21	22	23
	第2子	12	13	14	15	16	17	18	19	20
	夫収入	600	600	600	600	600	550	550	550	550
	その他									2,500
	妻収入	120	120	120	120	120	120	120	120	120
	世帯収入	720	720	720	720	720	670	670	670	3,170
		第1子公立高校入学	第2子公立中学入学		第1子私立大学入学	第2子私立高校入学		第1子大学卒業	第2子高校卒業	
支出	生活費	250	253	255	258	260	263	229	232	234
	住宅ローン	140	140	140	140	140	140	140	140	140
	教育費	60	60	60	200	300	250	250	120	120
	自動車ローン	50	50							
	保険料	40	40	40	40	40	40	40	40	40
	各種税金	159	153	153	153	144	133	133	139	191
	趣味・娯楽	10	10	10	30	10	10	10	10	10
	その他	10	10	10	10	10	10	10	10	10
	合計支出	719	716	668	831	904	846	812	690	745
	収支	1	4	52	▲111	▲184	▲176	▲42	▲20	2,425
	貯蓄	701	705	757	646	462	286	144	123	2,549

第３章　定年後のライフプランを設計する

(単位：万円)

	2022	2023	2024	2025	2026	2027	2028	2029	2030	2031	2032	2033
	59	60	61	62	63	64	65	66	67	68	69	70
	54	55	56	57	58	59	60	61	62	63	64	65
	24	25	26	27	28	29	30	31	32	33	34	35
	21	22	23	24	25	26	27	28	29	30	31	32
	550	550	300	300	300	300	300					
		2,000										
								200	200	200	200	200
	120	120	120	120	120	120	120	120	120	120	120	120
	670	2,670	420	420	420	420	420	320	320	320	320	320
	第2子私立大学入学											第1子結婚
	236	239	241	207	210	212	214	216	218	220	222	225
	140	140	140	140	140	140	140	140	140	140	140	140
	150	120	120	120								
	40	40										
	139	139	83	83	83	83	83	31	31	31	31	31
	15	15	15	15	15	15	15	15	15	15	15	15
	10	10	10	10	10	10	10	10	10	10	10	10
	730	703	609	575	457	459	461	412	414	416	418	421
	▲60	1,967	▲189	▲155	▲37	▲39	▲41	▲92	▲94	▲96	▲98	▲101
	41	2,008	1,819	1,664	1,627	1,588	1,546	1,455	1,361	1,265	1,166	1,066

	2022	2023	2024	2025	2026	2027	2028	2029	2030	2031	2032	2033
	59	60	61	62	63	64	65	66	67	68	69	70
	54	55	56	57	58	59	60	61	62	63	64	65
	24	25	26	27	28	29	30	31	32	33	34	35
	21	22	23	24	25	26	27	28	29	30	31	32
	120	200	250	250	250	250	250	352	352	352	352	352
								200	200	200	200	200
	120	120	120	120	120	120	120	120	120	120	120	120
	240	320	370	370	370	370	370	672	672	672	672	672
	第2子私立大学入学											第1子結婚
	236	239	241	207	210	212	214	216	218	220	222	225
	140	140	140	140	140	140	140	140	140	140	140	140
	150	120	120	120								
	40	40										
	35	54	68	68	68	68	68	104	104	104	104	104
	15	15	15	15	15	15	15	15	15	15	15	15
	10	10	10	10	10	10	10	10	10	10	10	10
	626	617	594	560	443	445	447	485	487	489	492	494
	▲386	▲97	▲224	▲90	▲73	▲75	▲77	187	185	183	180	178
	2,163	1,865	1,641	1,451	1,378	1,304	1,227	1,414	1,599	1,781	1,962	2,140

2 起業のための資金準備

　収支予想表の下から2番目にある「収支」という項目が、各年度の収入から支出を差し引いた結果で、貯蓄の増減に影響します。現在の計画で、この貯蓄額がどのように推移していくのかが、定年後の生活を考えるうえで非常に重要なポイントになります。目標は、長期的な視点で収支のバランスをとることです。この家計の収支計画と、後ほどご説明する事業計画を合わせて、比較的堅めの予想を立てておくことをお勧めします。

　65歳までの再雇用と、それ以降の年金受給で十分に生活が成り立ち、ライフプランとして満足できるということであれば、「あえて起業する必要はない」という結論に達する方もいらっしゃるでしょう。もちろん、それも選択肢の1つです。

　一方で、従来の半分以下、場合によっては3分の1程度の年収で再雇用されて働くことについて、モチベーションを保てそうにないという理由で、起業を検討する方もいらっしゃると思います。その場合は、ライフプランに基づいた収支計画をもとに、起業してどれくらいの収入を得れば生活を維持できるのか、起業のために資金がどれくらい必要で、どうやって確保するのかなど、具体的に検討して目標を設定しましょう。

　ここまで、ライフプランによって生計を維持するのにどれくらいのおカネがかかるかを見てきました。次に、起業にはどれくらいのおカネが必要なのかを考えてみましょう。

　私は皆さんから、「起業のために自己資金をどれくらい用意し

ておくべきか」というご質問をよく受けます。これは、事業内容によって必要金額が異なりますので、一概には申し上げられませんが、基本的に必要なのは、事務所や事務機器、販促資料、ホームページ制作などの初期投資と、事業開始後の運転資金です（図表3-2参照）。「ゆる起業」を目指す方には、最初は設備や在庫などの投資を控え、小さく始めることをお勧めしていますので、私の経験では、100〜200万円の範囲で自己資金を用意される方がもっとも多いと思います。起業後、すぐに売上が立つことはなかなかありません。半年程度の余裕を見ておくという場合は、運転資金3〜6ヵ月分を起業資金として準備しましょう。これは、法人設立時に資本金をいくらにするかを考える際にも重要になります。

　資金確保のために公的な創業融資を受ける場合も、自己資金をどれくらい持っているかが審査の重要なポイントになります。制度にもよりますが、最低でもおおよそ起業資金の3分の1〜2分の1の自己資金が必要とされます。自己資金があまりに少ないと、事業に対する熱意や経営者としての資質を疑われることにもなりかねません。起業に向けて着々と準備をしているかどうかも、評価の対象になります。金融機関などからの信頼を得るためにも、計画的に起業資金を貯蓄しておくことが重要です。

図表3-2　「起業資金の考え方」

起業資金＝初期投資分
$$+$$
運転資金3〜6ヵ月分

融資を受ける場合は、

　起業資金 $\times \dfrac{1}{2} \sim \dfrac{1}{3}$ の自己資金が最低限必要

法人（株式会社）を設立する際、起業資金の調達方法として、家族、親戚やビジネスパートナー、前職の会社など、第三者からの出資を考える方もいらっしゃるかもしれませんが、いくつか注意すべき点があります。株式会社の最高意思決定機関は株主総会ですが、株主は出資比率に応じて総会での議決権を保有します。決議内容によって必要とされる議決権数は異なりますが、経営上の重大事項については、議決権の3分の2以上の同意が必要な特別決議というものがあります。定款の変更や重要な事業の譲渡、会社の解散などがそれにあたります。したがって後々、経営をめぐって他の出資者との間で意見が異なるような事態を想定すると、ご自身が経営の主導権を持っておくために、3分の2以上の出資比率を維持することが重要になります。

　また、第三者の出資割合が高いと、公的な融資や助成金などを受けにくくなることもあります。株主への配当についても配慮する必要がありますので、第三者からの出資は慎重に考えましょう。

第3章　定年後のライフプランを設計する

「綿密な起業計画で保育園経営を目指す」

株式会社すこやかファミリーサポート
代表取締役（設立予定）

小柳　昭彦 さん（59歳）

　私は元銀行マンで、金融機関の関連会社に勤務していましたが、2014年3月に退職し、保育園を開園するための準備を行っています。在職中から、片桐さんに何回も相談しながら起業準備を進めてきました。

　私は、電車の中でも子どもを見かけると構ってあげたくなるくらい子どもが好きなんです。と同時に、地域に貢献できる事業をしたいと考え、保育園の起業を決意しました。

　ただ、いくら子ども好きとは言っても、まったくの異業種からの参入ですので、片桐さんのアドバイスを受けながら、綿密な起業スケジュールを立てています。保育園の立地を決めるためにやるべきこと、保育士免許取得のための勉強、保育に関する助成金の受給、職員の採用、業者の選定、営業やPR活動など、準備しなければならないことが山ほどありますね（笑）。

　店舗を持ち、職員も採用するので、さまざまなリスクが考えられます。片桐さんに見ていただきながら、開園予定の1年前からやるべきことを整理し、工程表の形で起業計画を立てました。おかげさまで、いまのところ起業準備は順調に進んでいます。初めての経験ですが、起業には綿密なスケジュール表を作り、突発的な事態にも対応できるよう、柔軟に見直しながら目標に少しずつ向かっていくことが大切と痛感しています。

「会社員時代の顧客の応援を受けて起業」

株式会社マグネット24
代表取締役

齋藤 智 さん（58歳）

　私は、金融業界で営業に携わっていました。30年間、お客様のことを第一に考えて仕事に取り組んできたおかげで、多くのお客様と親密なネットワークを築くことができていました。しかし、50代になった頃から会社が傾き出し、退職することとなり、残務整理がひと区切りついてお客様へのご挨拶に回っていたところ、「応援するから、独立したらどうか」とお声をかけていただいたことがきっかけで、起業を決意しました。

　当社は、これといった特別な商品やスキルを持っているわけではありませんが、私の強みは会社員時代に培った豊富な人脈です。そのため、営業支援や経営コンサルティングなど、「人と人をつなぐ」仕事を創造していきたいと考えています。最初は小さく、半年ごとに事業を見直しながらやっていこうという考え方でスタートしたところです。

　現在、力を入れているのは、お子さんを持つお母さんたちの働く場を作り出していく仕事です。抗菌作用に優れた素材を使用した、抗菌加工サービスをお母さんたちに委託し、それによって収入を得られるような仕組みづくりを、母親たちのネットワークとも協力しながら進めています。

　私は、困ったことが出てきたときも、余計なプライドや見栄を捨てて人に頼れば、道は切り拓かれるものだと思っています。起業後もそのことを忘れずに、お客様のことを真剣に考えて行動し、価値のある事業を生み出していくつもりです。

Chapter 4

事業のアイデアを具体化する

起業しようと考えたら、まずやるべきことは、どの分野で起業するのか、事業内容を検討することです。これまでの業務での経験や知識、スキルを活かせる分野で起業するにしても、ご自身の温めているアイデアを具体的なビジネスプランに落とし込んでいかなければなりません。起業について漠然とした思いはあっても、何ができるのか、何をしたいのかがはっきりとわからない方もいらっしゃるでしょう。

　そこで、事業内容を具体化するにあたっては、以下の順番と視点で考えることをお勧めしています。本章ではこの流れに沿って、事業内容を検討していく方法をご説明します。

図表4-1 「事業内容を検討する方法」

①事業内容を考える

　自分の好きなこと、得意だと思うこと・強みだと思うこと、さらにその中から、お金になること（＝市場性）を考えましょう。SWOT分析で検討するのも良いでしょう。
　事業内容を決めるには、「好き」や「得意」なことというだけでなく、「市場のニーズがあるか」を分析したうえで決めます。

②事業環境を分析する

　さまざまなデータ・情報をもとに、現在の世論、法律、環境などを把握し、将来の予測を立てます。

③ターゲットを絞り込む

　起業時には低コストで最大の効果を生むために、ターゲット（＝お客様）を絞り込む必要があります。

④商品・サービスの内容を決定する

　1人のお客様を具体的にイメージしていきましょう。その方の趣味や嗜好、考え方、潜在的なニーズをくり返し考えます。

第4章 事業のアイデアを具体化する

1 どの分野で起業する？―3つの円で考える

　起業を考える際に、ぜひやっていただきたいことがあります。これまで歩んでこられた人生を振り返って、「自分のやりたいこと・好きなこと」、「自分が得意だと思うこと・強みだと思うこと」を洗い出していただきたいのです。そして、さらにその中から、「お金になること（市場性があること）」が何かを考えてみてください。

　図表4-2をご覧ください。それぞれの円が「好きなこと」、「得意なこと」、「お金になること」にあたります。この3つの円が重なる部分、つまりご自身のやりたいこと、できること、お客様に

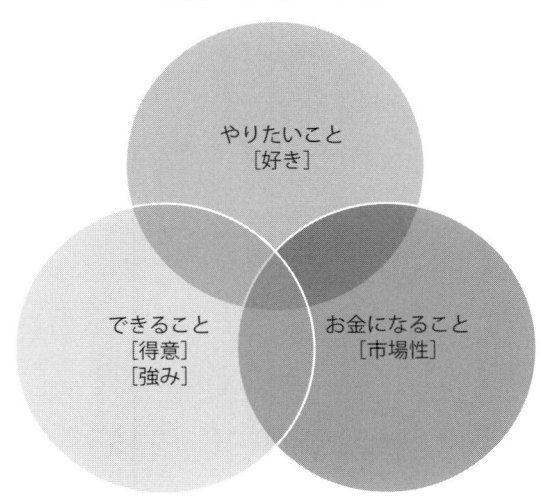

図表4-2 「3つの円」

やりたいこと
[好き]

できること
[得意]
[強み]

お金になること
[市場性]

43

お金を払っていただける分野が、起業して成功する可能性の高い事業です。シニア起業に限らず、一般的に事業に成功されている方は、この３つの円が重なる分野を選んでいる場合が多いと思います。

　単純なやり方のようですが、このようにシンプルな形にあてはめながら自己分析をすることで、逆に自分が「起業すべきでない」分野が見えてきます。実際にご相談を受けてみると、この３つの円の重なりから離れたところで事業を考えている方が、意外と多くいらっしゃいます。こうした分析をせずに起業してしまうと、お金にならず（売れず）に廃業せざるを得なくなるかもしれませんし、売上は上げられても、好きなことや得意なことではないため、楽しみながら仕事をすることができず、目指していた「ゆる起業」にはならないかもしれません。

　私自身も起業にあたっては、この３つの円の分析に約３ヵ月間かけて慎重に検討しました。自分に適した起業分野を探し出すという目的はもちろん、事業の失敗リスクをできるだけ排除しておくという意味でも、非常に有効な手法だと思います。

　事業内容を決めることは、起業準備にあたってもっとも重要な一歩です。それぞれの円について思いつくことを挙げて、１つひとつの円の内容を深め、起業分野を絞り込んでいきましょう。

2　セカンドライフの準備—①やりたいこと・好きなことを発見

　それでは、３つの円を１つずつ見ていきましょう。まずは、「自分のやりたいこと・好きなこと」を発見するための分析です。

図表 4-3 「やりたいこと・好きなことを発見する」

項目	具体的な内容（役割）	1年	2年	3年	4年	5年
自分の好きなこと、周囲から歓迎されること						
抱いていた夢						
得意だったこと、人からほめられたこと						
やってみたいこと						
ボランティア活動						
趣味、スポーツ						
その他						

　その際に使っていただきたいのが、図表4-3です。書ける部分だけで結構ですので、各項目を埋めてみてください。年数は、「現時点から見て何年後に実現したいか」ということです。

　まずは、「自分の好きなこと・周囲から歓迎されること」を考えてみます。「読書が好き」、「人の話を聞くことが好き」、「文章を書くことが好き」など何でも結構です。食べ歩きが好きで、Facebookや食べログに感想を書いていて、良いレスポンスを得ている方もいらっしゃるかもしれません。没頭できるほど好きで長続きしていることがあれば、お金になりそうかそうでないかは別として、記入しておきましょう。「やりたいこと・好きなこと」を挙げるのが難しければ、逆に「やりたくないこと・嫌いなこと」を考えてみると、見つけやすいかもしれません。

　次に、子どもの頃から「抱いていた夢」を書き出してみてくだ

さい。ここでは、事業に関する夢ではなく、個人的な夢を挙げていただきたいと思います。実現性のあるなしはさておき、幼少期から抱いていた夢はその方の根源的なものですので、本当に「やりたいこと」と言えるでしょう。「サッカー選手になりたかった」、「パイロットになりたかった」といった、これから実現させるのは無理な夢でも、大人になってから身につけた知識やスキルと組み合わせることで、事業のアイデアが生まれるかもしれません。

　3番目は、「得意だったこと・人からほめられたこと」です。これについても、仕事のことに加え、子どもの頃に得意だったことも書き出してみてください。長い間やっていないこと、忘れていたことも、自分の持っている本来の能力として評価してみましょう。発揮する場面があるかもしれません。人からほめられると嬉しくなるので、やりたい仕事につながりやすくなります。

　「やってみたいこと」では、先ほどの「抱いていた夢」とは区別して、「事業としてこんなことをやってみたい」という、起業に直接つながることを挙げてください。自身の経験を活かすという意味で、これまでの仕事で感じていたことを書いていただくのが良いと思います。

　「ボランティア活動」は、地域のコミュニティで町内会活動をしているとか、マンションの管理組合で理事を務めたことがある、といったことを指します。現職時代には意識しなかったことかもしれませんが、地域での人脈やネットワークをお持ちであれば、それを活かした起業を考えるヒントになります。

　最後は、「趣味・スポーツ」です。一見、事業とは無関係に思われることでも、とりあえず挙げておいてください。クラシック

第4章　事業のアイデアを具体化する

音楽の鑑賞やゴルフでも結構です。これらも会社での経験、人脈などの財産と組み合わせることで、事業のヒントにつながる可能性があります。

3　セカンドライフの準備—②得意なことの発見

次に、3つの円のうち、他人と比べて「自分が得意だと思うこと・強みだと思うこと」をリストアップしていきましょう。図表4-4に記入しながら、分析してみてください。

ここでは、これまでのご自身の業務経験から得たことを、思いつく限り書き出してみてください。そのうえで、各項目にランクづけをします。こうした自己の棚卸しを通じて、お持ちの知識やスキル、ノウハウなどが、ビジネスとして社会に売れるレベルにあるのかどうかを分析していただきたいと思います。

自己評価の「特A」とは、「現在の状態で十分に外に売れる分野」です。定性的な評価ではなく、実績などをできるだけ定量的

図表4-4　「得意なことを発見する」

得　意　分　野	自己評価
1.	
2.	
3.	

※自己評価
　特A：外売り可能　　　　B：得意だが、ニーズが低い
　A：強力に推進したい　　C：やや陳腐

に表してください。たとえば、その業務に携わった年数や商品化した実績件数、営業成績がトップだったといった客観的に評価できる指標が裏づけとしてあると、説得力が増します。業績不振の関連会社を立て直した、というような定性的な実績も、十分に「特A」レベルです。

「A」評価は、「いますぐに外売りは難しいが、今後、重点的に補強していけば、事業としてやっていけそうな分野」です。たとえば、化粧品業界のコンサルタントとして起業したい場合、業務の流れの中で、一部分だけ専門的な知識やスキルを持っていても、それだけでは外売りは難しく、一連の流れをすべて理解し、実施できて初めて「特A」となるでしょう。「商品の企画から営業活動、受注、納品、売掛金回収」といった業務全般を勉強し、競合他社の事業も知ることが条件となるようなケースが「A」です。

「B」評価は、「自分としては得意な分野で、お金をいただいてもやっていけそうだが、需要があまり見込めないと思われる分野」です。たとえば、長く海外に駐在し、特定業界・商品を扱っていて、現地の法規制を熟知し、人脈も持っている場合、その国に進出したい、または商売をしたいという会社に対して、何らかのサービスを提供できるかもしれません。ただし、海外進出を希望する人が少なそうな国で、しかも支援できるのは特定の業界限定となると、お客様を見つけづらくなります。このようなケースは、「B」としておきましょう。

「C」評価となるのは、「業務経験がかなり以前のもので、知識やスキルがすでに古くなってしまった分野」です。たとえば、市場が大きく変化してしまったとしたら、持っているスキルは役に

第4章　事業のアイデアを具体化する

立たず、いまからその分野で起業するのは困難でしょう。このような分野は、事業化の対象から外しておきましょう。

　以上のように、このシートを使って、目に見える形で自己の棚卸しをくり返し行っていけば、お金をいただいて提供できそうな分野が少しずつ見えてきます。この状態まで棚卸しを徹底すれば、起業後の営業活動で自己紹介に使えるだけの、独自の「プロフィール・シート」を準備することも可能となります。

　ここまでで「やりたいこと」と「できること」が明確になってきたでしょうか。「特A」または「A」と評価した分野で、やりたい仕事が見つかれば良いのですが、「できるけれど、それほどやりたいと思える仕事ではない」とか、「やりたい仕事だけれど、できる自信がない」など、なかなか両者が合致しないことも多いものです。そのような場合は、まずはできる仕事から始めて収入を確保しながら、並行してやりたい仕事の準備を進めておき、徐々に後者の比重を高めていく、という考え方をお勧めします。理想どおりに行くとは限りませんが、起業の段階で事業の将来の姿をイメージしておくことも重要です。

4 マイSWOTを考える

　3つ目の円の「お金になること」については、市場環境を分析し、競合他社を調査し、実際にテストマーケティングを行ったうえで、見定めることになります。考えた商品・サービスのニーズがあるか、つまり市場性の有無については、結論を出すのに時間がかかります。

そこで、3つ目の円の市場性の判断は、最初から結論を出すのではなく、いったん保留にして次のステップに進みましょう。

　次のステップとして、3つの円（実際にはこの段階では2つの円）で重なったところが、事業の「アイデア」です。この「アイデア」をより具体的にし、どのような事業を行うのかを考える必要があります。その際、自分の強みを活かして、市場環境に適合した事業を考える「SWOT（スウォット）分析」という方法がお勧めです。自分の強みを取り入れることから、「マイSWOT」と私は呼んでいます。

　「SWOT分析」とは、自分の強み（Strength）と弱み（Weakness）という内部環境、市場における機会（Opportunity）と脅威（Threat）という外部環境を組み合わせて、どこに事業のチャンスがあるかを見つけ出すための基本的な分析手法です。会社の研

図表 4-5　「SWOT のクロス分析」

		外部環境分析	
		機会（Opportunity）	脅威（Threat）
自分分析	強み（Strength）	強みを活かす戦略 （自分の強みで取り組むことができるサービスは何か）	差別化戦略 （自分の強みで脅威を回避、他社には脅威でも、自分の強みでサービスの創出）
	弱み（Weakness）	弱みを克服する戦略 （自分の弱みで機会を取りこぼさないための対策）	専守防衛または撤退する戦略 （脅威と弱さが合わさって、最悪の事態を招かないための対策）

第4章　事業のアイデアを具体化する

図表 4-6　「片桐実央の『マイ SWOT』」

		外部環境分析	
		機会（Opportunity）	脅威（Threat）
	SWOT の クロス分析	・50代、60代の人口が増えている ・平均余命が伸びている→生涯現役を望むシニアの増加 ・情報に対して対価を払う慣習ができた ・再雇用義務化の法案が可決→企業の人件費負担増 ・老齢厚生年金の支給開始年齢引き上げ	・シニア支援をする企業による起業支援事業への参入
自分分析	強み (Strength)	強みを活かす戦略 (自分の強みで取り組むことができるサービスは何か)	差別化戦略 (自分の強みで脅威を回避、他社には脅威でも自分の強みでサービスの創出)
	・人見知りをしない ・シニアが好き ・ダブルライセンス（行政書士・FP）	・50代、60代を対象とした起業支援 ・起業するためにセミナーの開催 ・起業のために事務サポートの実施 ・ビジネスパートナーづくりや商談の場としての交流会の実施	・ワンストップフルサポート（シニアを部分的に支援するのではなく、起業から仕事場の提供、交流会などのビジネスチャンスを提供） ・普通の起業支援ではなく、シニア特有の起業支援サービスの充実を図る
	弱み (Weakness)	弱みを克服する戦略 (自分の弱みで機会を取りこぼさないための対策)	専守防衛または撤退する戦略 (脅威と弱さが合わさって最悪の事態を招かない対策)
	・人脈がない ・不得意とする業務、分野がある ・資格を保有しないと行うことができない分野がある ・資金の限界	・ビジネスパートナーを探す ・費用効果（コスト管理）の検討 ・資金調達と資金繰り	・事業の見直し（不採算事業からの撤退） ・再就職

修などで接したことのある方もいらっしゃるかもしれません。企業が経営戦略を立案する際、汎用的に使われる手法です。

　図表4-5をご覧ください。左側に自分の強みと弱み、上段に事業に関係する社会的な機会と脅威を書き出します。ここでは、SWOTの「クロス分析」という方法を示していますが、クロス、つまり強みと機会の重なることは何かを考えていきます。自分の強みを活かし、弱みを克服しつつ、外部の機会を最大限に利用して狙うべき事業分野を検討するためのものです。

　まずは「強み」の部分に、自己の棚卸しによって導き出した「得意なこと」を記入してください。加えて、家族や友人、会社の知り合いなど、周囲が評価していることも入れることが重要です。自分では気づいていないことや、自己評価の低いことが、周囲からは強みと見えることもあるからです。

　一方で、自分の「弱み」と考えていることも記入しましょう。苦手としている分野や、起業するには不足していると考えている要素などが弱みにあたります。「強み」もそうですが、ご自身の性格的なことも含めておきましょう。

　次に、ご自身の考えている事業にとって「機会」となり得る社会や市場の動向など、外部環境を分析してリストアップします。これは、「市場から求められているもの」と言い換えることもできます。

　同時に、その逆である「脅威」も必ず検討してください。構想段階にある事業アイデアにとって、追い風なのか向かい風なのか、冷静に幅広く社会情勢を考えることが大切です。正解はありませんし、事業が異なれば、機会と脅威が逆転することもあり得ます。

第4章　事業のアイデアを具体化する

　これら4つの要素を記入すると、強みと機会がクロスする領域（SとO）、つまり市場から求められていることに対して、どのように自分の強みを活かした商品やサービスを提供できるのかが見えてきます。また、機会を捉えて事業を行うために、重点的に克服すべき弱みは何か（WとO）を把握することも可能です。わずか4つの象限にすぎませんが、このように分析を進めていくと、ご自身が有利になる立ち位置、つまり優位性を発揮できそうな分野をより明確にすることができ、一般的な情報に乗って、漠然とした事業になってしまうことを避けられるのです。

　起業を検討するにあたっては、初期段階からこのような汎用的に使われる手法を活用して、さまざまな角度から検討し、試行錯誤を重ねて優位性を発見することが必要です。

5　差別化のポイント─ペルソナ・マーケティングと競合分析

　SWOT分析の結果をもとに、おおよその事業の方向性が見えてきたら、自分だからこそできるビジネスの確立に向けて、さらに磨き上げていきましょう。

　ポイントは、「自社の商品やサービスが、どのような点で他社と差別化できているか」です。世の中で流行していて、お客様が多そうだからといった理由で安易に選んだ結果、参入してくる競合も多く、差別化のポイントが価格しかなくなってしまった、というビジネスは数多くあります。そのような分野で起業して成功するのは、非常に難しいことです。

　いま、世の中にはたくさんの商品やサービスがありますので、

埋もれないために、他社にはなかなか見当たらない独自の商品・サービスを提供し、お客様にお金を払っていただけるビジネスの形を作り上げたいものです。そのためにまず考えるべきことは、商品やサービスをどのようなお客様に提供していくのかという「ターゲットの絞り込み」です。最初からお客様を絞ってしまうと、事業の可能性を小さくするのではないか、と不安を感じる方もいらっしゃるでしょうが、ターゲットを定めないばかりに、提供する商品やサービスが特徴のないぼんやりとしたものになり、結果的にお客様に選んでいただけないことにもなりかねません。

　企業が自社の商品やサービスを購入してもらうために行うマーケティング活動は、4つの要素のバランスをミックスすることが基本です。4つの要素とは、「商品・サービス（Product）」、「価格（Price）」、「販路・立地（Place）」、「宣伝・販促（Promotion）」の「4P」と呼ばれるもので、これらをどのように組み合わせれば見込み客に購入してもらいやすいのかを考えて、販売戦略を立案します。

　この前提となるのが、どのような顧客層を販売の対象にするのかという顧客像、つまりターゲットの設定です。何を売るにしても、ターゲットの設定なしには、販売や営業、広告宣伝の戦略は立てられませんし、やみくもに営業や広告宣伝をしても効果は出ず、コストだけが増えてしまいます。ターゲットの設定にはさまざまな方法がありますが、ここでは「ゆる起業」に最適なマーケティング手法をご紹介します。

　それは、自社の商品やサービスに関心を持ち、購入していただけそうな顧客を1人に絞り込んで「理想の顧客像」を設定し、その顧客に合った販売戦略を考える「ペルソナ・マーケティング」

という手法です。この手法では、年齢や職業、家族構成、居住している地域、趣味、嗜好性などについて、ある特定の人物を想定し、どうすればその人に自社の商品やサービスを選んでいただけるのかを徹底的に考えます。

　注意点としては、できるだけ具体的な人物像を設定してください。たとえば、育児関係の商品やサービスを提供しようと考えている場合は、「夫と生後3ヵ月の男の子を持つ30歳の女性、都心から電車で1時間ほどの住宅地にあるマンションに住み、現在は育児休業中だが、1年後には息子を保育園に預けて職場復帰したいと考えている、食べ歩きが好きだが、現在は育児のために外食はできない」といった人物像を描いてみましょう。そして、この人に届くような広告宣伝の方法や、興味を持ってもらえるような商品・サービスのラインアップや価格設定を考えてみるのです。ターゲットが漠然とした状態と比べて、検討すべき課題が明確になり、格段に事業の練り上げ方が違ってくるはずです。事業の基本は、「何を、誰に、どのように」売るのかということですが、「誰に」というターゲットを特定の人物にすることで、顧客の立場で求めているものをイメージしやすくなる効果があります。

　起業段階では、事業を広げることばかりを考えるのではなく、このように特定の顧客を満足させる方法で評価を高めていくことが、成功の秘訣だと思います。

　次に考えていただきたいのは、自社の商品やサービスをお客様に選んでいただくために、競合他社と比べてどのような特徴があるものにしていくか、ということです。お客様の立場から見て、競合との違いがはっきりしないと、当然値段の安いほうが好まれ、価格でしか勝負できなくなってしまいます。つまり、他社と

差別化ができていて、なおかつその違いをお客様に理解していただくことで、初めて自社の商品やサービスを選んでいただけるのです。

事業戦略を立案する際の基本に、「3C」という重要な考え方があります。「顧客（Customer）」、「自社（Company）」、「競合（Competitor）」の3つの視点で事業を検討することを、常に念頭に置いていただきたいと思います。

そのためには、自社の商品やサービスを、競合しそうな他社のものと比較する視点が非常に重要です。豊富な経験や知識を活かせる分野での起業とは言え、それはいったん脇に置いて、新鮮な目で競合他社の商品やサービスを研究することをお勧めします。

まずは、インターネットを使って情報を収集するのが良いでしょう。GoogleやYAHOO! JAPANなどの検索エンジンで、同様の商品やサービスを提供している会社を調べ、表示される上位20社の特徴を比較表にまとめてみてください。これらの検索エンジンで上位にヒットするということは、サイトが充実していて口コミなどの評価も高く、積極的に情報発信をしている会社と言えます。各社の商品・サービスのラインアップや価格、立地、対象顧客層、購入方法、そしてホームページの特色などをチェックし、それぞれの特徴を浮き彫りにすることが目的です。一覧表にして比較すると、各社のアピールポイントが見えてきます。

特に上位10社については、特徴を覚えるくらいまで研究してください。各社の商品やサービスが、どのような顧客層をターゲットとしているのかを把握できるはずです。店舗を持つビジネスであれば、実際に他社の店舗や周辺を歩いて立地状況を確認することも必要でしょう。また、他社がどのような広告宣伝や販促

をしているのかを具体的に調べることも重要です。

このように、競合との比較をして初めて、自社の商品やサービスに価値を感じて選んでいただくために必要な、他社と差別化すべきポイントがわかってきます。そして、そこにこそ事業を考えるヒントが隠れているはずなのです。

⑥ 事業環境を分析する—市場規模・動向確認

自社がターゲットとする理想の顧客像が定まったら、次はその顧客が属する市場の規模や動向を確認しましょう。

たとえば、面倒見が良く、他人と接することが好きな方が、結婚相談に乗ることで起業を考えたとします。婚活ブームと言われる現代において、結婚相談の仕事にはどれほどの需要があるのでしょうか。ここでは、マクロとして日本全体での確認と、ミクロとして実際に人と会って需要があるかどうかを確認する、双方向の考え方が必要です。

前者では、市場規模を確認することになります。市場規模とはその業界の売上全体で、お金がどれくらい動いたかを表しています。市場規模を確認する1つの方法としては、インターネットで「（業界の名前）　市場規模」と入力して検索してみましょう。主要な業界であれば、業界ごとの市場規模をまとめたホームページが見つかります。また、関連データの統計を利用して推定する方法が良いと思います。

事業を行う対象と考えている地域の行政データからは、性別・年齢別の人口がわかります。総務省の「家計調査」からは、収支

項目別データから食品や家事、教養娯楽などへの支出金額がわかりますので、ターゲットとする顧客の属性に合わせて、おおよその市場規模や時系列での動向を把握することも可能です。また東京都をはじめ、各地の駅の乗降客数なども統計データがあります。このような調査によって、事業を行う地域の特性を把握し、場合によっては対象地域を広げたり、変更したりと、柔軟な対応を考えることができるのです。

　また、対象市場の拡大・縮小の傾向をつかんでおくことも必要です。縮小しているからと言って、単純にそこでの事業はやめなさい、ということではありません。縮小している中でも、自社が強みを発揮できる要素があれば、実施に向けてより詳細な検討を進める選択もあり得ます。

　このような数値的な裏づけは、事業計画書を作成する際には必ず織り込むべき項目です。助成金や融資を受ける際には事業計画書が必要ですが、市場データに基づいた事業説明は大きな説得力を持ちます。成長性があるかどうか、その点は必ず問われるものと考えておきましょう。

　市場規模を捉えることができたら、次は後者の確認です。実際にお客様になりそうな人にニーズがあるかどうかを確認します。これを「テストマーケティング」といいます。

　「テストマーケティング」とは、事業や製品、サービスを本格的に展開する際に、テスト的に実施し、事業計画の検証を行う活動のことです。ターゲット、つまりお客様となりそうな人を、友人や知人、交流会であった人、ホームページ上で募集した人の中から探し出し、ご自身が考えた商品・サービスを提供します。

　テストマーケティングを行う際は、料金を半額や無料に設定

し、広くお客様の意見をいただきましょう。今後の要望や改善点をアンケートなどで回答してもらい、本格的な起業の前に、サービスや価格設定など事業のやり方について見直す機会を作るのです。

　結婚相談の例で言えば、相談料の値決めやサービス体系など、どのようなものが求められているかを把握することが肝心です。お客様の趣味嗜好、考え方、潜在的なニーズを理解し、それに合う商品・サービスを作れば、起業時にお客様になってもらいやすくなります。

　そして、将来的に購入してもらえそうであれば、「見込み客リスト」を作成して、お名前や連絡先、いただいた意見などを残しておきます。起業した際には、この名簿にある人たちにダイレクトメールや開業のお知らせを送りましょう。見込み客リストが充実していればいるほど、起業後の売上が上がりやすくなります。

7　他人に説明する

　自分の「好きなこと」や得意分野の棚卸しをし、市場環境を分析しながらターゲットを定めて事業内容を決めていくプロセスでは、できるだけ多くの方の意見を聞くことも重要です。起業家交流会などに積極的に参加し、他人にアイデアを話す機会を持つことで、自分だけでは見えていなかったことや、見立てが外れていたことに気づく可能性もあります。

　そのような場合は焦らず、これまでのステップを戻って再検討を加え、別の形に変えたり、工夫を加えたりしましょう。そうす

ることによって、事業は磨き上げられていきます。「迷ったら、まず人に話す」という姿勢で積極的に動き、より確実性の高い事業を見つけられるよう、くり返し案を練り上げていただきたいと思います。

「キャリアとネットワークを活かして得意分野で起業」

IPOテクノ株式会社
代表取締役

加瀬 滋 さん（65歳）

　私は、これまでに外資系の大手コンピューターメーカー、IT企業、情報機器会社に勤務し、おもに国際調達部門や生産管理部門で経験を積んできました。海外でのプロジェクトにも参画したことがあります。私が得意なこと、やっていて楽しいことは、部品などの海外からの調達ですが、コンピューターやITの仕事に長らく携わっていましたので、その業界には詳しいと思います。

　ずっと、何歳になっても仕事をしたいと考えていましたので、自分のスキルやネットワークをもっとも活かせる、中小企業向けのソフトウェア開発やIT関係のコンサルティングを、セカンドライフの事業に選びました。

　実は、現在の会社設立前から個人事業として、部品の輸入卸業務やITエンジニアのコーディネートなどをやっていました。いまはソフトウェアの受託開発のほか、技術者の派遣業務なども手がけていますが、私のこれまでの経験や人脈などを最大限に活用して、中小企業の全般的なITに関する問題の解決に貢献していきたいと考えています。また、リサイクル品の販売や紹介など、環境保護につながるようなエコ事業にも取り組んでいるところです。

　片桐さんのところのレンタルオフィスも活用して、スタッフの働きやすい環境づくりも考えながら、今後の事業を進めていきたいと思います。

「編集者の経験を活かして
オンデマンド出版社を立ち上げ」

グッドタイム出版
代表

武津(ふかつ) 文雄 さん（66 歳）

　私は大学卒業後、長年出版業に携わり、取材、編集、執筆などを経験してきました。書籍を出版したいと考える人は多いのですが、現実的には一般の出版社が引き受けてくれることは難しく、また自費出版にも多大な費用がかかります。

　片桐さんが言われているように、ご自身の著作を出版することは、起業家にとってブランディング向上に大きな効果があります。そこで、特にシニア層の方がもっと気軽に書籍を出版できるようにしたいと考え、アマゾンが日本で始めた pod 出版という仕組みを活用して、1冊からの印刷・製本・出版が可能なオンデマンド専門の出版社を立ち上げました。

　この仕組みを利用すれば、Word などの原稿を当社に納品していただくだけで、通常の自費出版の 10 分の1以下のコストで自著を製作することができます。編集者経験がありますので、校正などのサービスをご提供することも可能です。営業活動は他社に任せ、当社は書籍の製作（編集）だけに注力したいと思っています。実際に、当社から出版されているお客様は 50～70 代の方が多いので、ご自身のブランディングのために書籍を出版したいと考えるシニア起業家の方々を中心に、販路を広げていきたいですね。

第4章 事業のアイデアを具体化する

「化学品商社を設立 大手と競合しない分野を選ぶ」

KFトレーディングカンパニー
合同会社　代表

福島　賢造 さん（65歳）

　私は、海外で仕事をすることを希望して、新卒で大手商社に入社し、化学品部門でキャリアを積んできました。40年間の勤務のうち、15年間は海外駐在で、さまざまな取引を経験できました。

　実は、在職時には独立しようという気持ちはありませんでしたが、定年退職後に何をしようかと考えたとき、引退するにはまだ早いと思い、在職中に培った経験や人脈を活かして起業することを決めました。

　商社勤務時代、大手では扱いにくい市場があることを感じていました。大手商社は、取引量の多い商材を扱うことでスケールメリットを受けるわけですが、反対に手間がかかり、輸送コストなどが高くつく小規模な市場には参入したがりません。特に化学品は種類が非常に多く、取引単位や規模もさまざまなため、大手が扱いたがらない商材を取引できるのではないかと考えたのです。

　当社が取り扱う商品は1コンテナ単位でも取引できますので、大手商社と競合することなく、輸送コストも抑えられます。競合相手の少ない市場を選ぶことは、どのビジネスにおいても重要なことですよね。事務所は私1人が使うために、個別に用意する必要性を感じなかったので、レンタルオフィスを活用しています。

Chapter 5

事業計画書を作成する

ある程度、ビジネスプランが固まってきたら、次は「事業計画書」を作成する番です。ここまでは、ターゲットを絞り込んで商品・サービスの内容を具体化してきましたが、それらを紙に落とし込んでいく重要なプロセスになります。

　事業計画書には特に決まったフォームはありませんが、当社で使っている例を掲載しておきます。これは、行政への助成金申請や融資申し込みにもお使いいただけます。

1　事業計画書とは

　一般的には、金融機関などから融資を受ける際の審査資料として使われますが、融資を受けない場合でも起業する際は作成することをお勧めします。それは、漠然と頭の中だけで事業を考えるのでなく、「何を、誰に、どうやって売るのか」を筋道立てて整理し、損益や資金計画など数値的にも明確化することで、起業の課題やリスクを把握することができ、起業時はもちろん、事業開始後の状況変化にも柔軟に対応できるようになるからです。また、人に意見やアドバイスを求める際の説明資料、取引先へ事業内容を説明する際や、家族や身近な方に起業の思いを伝える際の資料としても有効に活用できるでしょう。

　事業計画書には、次のような項目が必要です。ここに掲載したものはあくまでも例ですので、事業内容によって適宜、項目の変更や追加をしましょう。

第5章　事業計画書を作成する

○エグゼクティブサマリー　○事業概要　○組織図
○経営理念・経営方針　○経営者経歴　○事業分析
○ターゲット　○販路　○販売計画　○仕入計画　○人員計画
○利益計画　○資金調達方法（助成金や融資の計画がある場合は含めて記載）　○予想されるリスク
○起業前後のスケジュール　○資金繰り表

2　事業計画書の書き方とポイント

　事業計画書のひな型を見て、「とても埋めきれない…」と感じていらっしゃる方も多いのではないでしょうか。でも、大丈夫。作ったことがある方のほうが少ないと思いますので、ご心配には及びません。ここでは、例に沿って順番に、事業計画書の書き方をご説明します。

【表紙】
　まずは表紙です。社名は、自社を利用していただきたいと考えている理想の顧客像を明確にし、その方々に「伝わる社名」を考えましょう。業種は、総務省統計局の「日本標準産業分類」を参照して、該当または類似する業種項目を記入しますが、ご自身でより具体的な名称にされても構いません。電話番号については、携帯電話だけでなく、固定電話の番号も記載することをお勧めします。特に起業後は、携帯電話だけだと、事務所がないと思われて、良い印象を与えません。また固定電話も自宅の電話番号ではなく、プライベートと仕事を分けるために別の番号を用意すると

良いでしょう。また、不在にすることが多い場合は、携帯電話への転送も考えておく必要があります。

次に、E-mailアドレスです。プロバイダメールや、g-mail、yahooメールのようなフリーメールもありますが、法人を設立する場合は、会社名を使った独自ドメイン（「@会社名.co.jp」、「@社団名.or.jp」、「@○○.com」「@○○.jp」など）を取得することをお勧めします。フリーメールは、取引先によっては迷惑メールとして処理してしまう会社もありますし、対外的な信用を得にくいこともあるため、あまりお勧めできません。ドメインは法人登記の6ヵ月前から仮登録できますので、会社設立を決めたらできるだけ早く、ドメインの登録管理会社（株式会社日本レジストリサービス）の指定事業者を通して申請しましょう。気になる費用も、だいたい年間1万円以内で収まります。

起業後に電話番号やメールアドレスを変更すると、取引先への変更通知が煩雑になりますし、連絡に行き違いが生じたりすることもありますので、起業準備段階から用意すると良いでしょう。

【1．エグゼクティブサマリー】

次に記入するのが、「エグゼクティブサマリー」です。ここを読めば事業の概要がわかり、それ以降の具体的な計画を理解してもらえるように書きましょう。詳細な内容まで書く必要はありませんので、簡潔にポイントをまとめるようにしてください。

【2．会社概要と経営者の略歴】

2（1）の「会社概要」は事務的な内容です。設立年月日がまだ確定していない場合は、「○○年○月（設立予定)」と記載しておきましょう。法人設立ではなく、個人事業主として起業する場合は、不要な項目は削除します。

第5章 事業計画書を作成する

（2）の「a. 経歴」は、非常に重要な項目の1つです。前職の内容や経験を、年数も含めてできるだけ詳しく、具体的に書いてください。実績を裏づける表彰を受けたことがあれば、そのことも記入しましょう。そして、起業する分野にどのように活かせるのか、関連性を明確に示すことが重要です。これは行政や銀行から、助成金や融資を受ける際の大切な審査ポイントになりますので、経験豊富なシニアだからこそ発揮できる強みが伝わるように心がけましょう。

次の「b. 創業の動機・目的」も、行政や銀行に支援してもらう際に重要な評価項目です。起業したばかりでは、会社の決算書のように、客観的に数値で示せる資料はまだありませんので、支援する側は起業家の人柄を見極めようとします。「情熱」や「誠実な思い」、「堅実さ」が重視されるほか、事業の「社会性」も評価のポイントになります。事業規模の大小やどれだけ儲けることができるかではなく、起業して長く続けていきたいという熱意を伝えることが、何よりも大切です。

「c. 得意分野」は、3つの円で自己分析した内容を記入してください。

【3. 企業理念と事業概要】

3（1）の「企業理念と活動方針」には、今後の夢や事業の方向性を記入してください。「企業理念」はいろいろな書き方がありますが、社会にどのような貢献をするのかという存在意義や目的のほか、行動規範など企業としての根本的な価値観を示す場合が多いです。外部の環境が変化しても揺るがず、事業上の判断をする際に常に立ち戻って確認すべき拠り所となるもの、とお考えください。

(2)の「事業概要」には、「a. 事業の仕組み」の欄にビジネスモデルを記入します。文章だけでは伝わりにくいこともありますので、グラフや図、写真も使うと良いでしょう。複数の事業を行う場合は、①〇〇〇〇、②×××というように、事業ごとに分けて説明してください。

　「b. 事業の成功要因」には、ビジネスモデルを立案する過程で検討した事項のうち、特に競合他社と比較して自社が優位にある要因や、顧客に支持していただける要因を記入します。これは、第三者が事業の成功可能性を判断するうえで、非常に重要なポイントです。客観的に「これを達成すれば成功する」と考えられ、達成の可能性が高い要因を記載してください。あまりに困難なものを書いたり、あれもこれも盛り込んだりするのではなく、本質的に重要なポイントを選び、起業の規模に合った内容にすることを心がけましょう。

【4. 市場と競合環境】

　4の「市場と競合環境」には、前述の4章で検討した内容を書いていただくことになります。以下、いくつかポイントをご説明します。

　4の(2)「競合環境」は、4章で「競合先10社の特徴を研究しましょう」と述べましたが、そのうち2〜3社の具体的な社名を出して、競合の状況や商品の特徴など、客観的な検証結果や裏づけとなるデータを記載すると説得力が増します。競合他社と比べて自社がどう違うのか、どのような差別化を図れるのかを、具体的に説明しましょう。

【5. 想定顧客と商品・サービス】

　5の「想定顧客と商品・サービス」についても、前述の4章で

検討した内容を書いてください。5の（2）「商品・サービス」には、予定しているものの中で売上比率の高い主要商品・サービスを記入してください。商品・サービスの特徴のほか、提供方法や仕入先情報なども含めると、なお良いでしょう。価格は、原価や競合他社の価格も考慮しながら、顧客に受け入れられる価格に設定することが大切です。

【6. 販売方法】

6の「販売方法」は、6章と9章で詳細をご説明しますが、売上に直接関係する重要な項目ですので、書き方のポイントをいくつかご説明します。

（1）「販売経路とその独自性」には、販路の開拓や宣伝方法、プロモーションの具体策を記入します。これは、いかに効果的に集客し、売上に結びつけるのかについて説明する、非常に重要なポイントとなります。

ターゲット顧客に効率的にアクセスするには、チラシやパンフレット、ホームページ、メディアでの広告、展示会への出展など、さまざまな手段が考えられますが、この段階ではまだ具体的に検討していない方が多いのが実情です。たとえば雑誌などメディアでの広告であれば、媒体名を具体的に記載し、なぜそれが有効なのかも書く必要があります。また、口コミでの顧客獲得を考えているのならば、どのような手段で自社を見込み客に知ってもらい、その評価をほかの人に伝えてもらって集客につなげるのか、などを書かなければなりません。専門家としてのサービスを展開するのであれば、まずはセミナーを開催して見込み客を集めるというのも1つの手段です。

（2）「顧客満足向上方法」には、自社の商品やサービスのリ

ピーターを確保するために、どのような手法をとるかを記入します。自社の商品やサービスのファンを増やすために、利用していただいた方からアンケートをとる、定期的にヒアリングを行うことなどを通じて、商品・サービスの改善、改良を試みるといった方法が考えられます。

　ここで挙げた集客策は、後述する8の「利益計画」の根拠にもなりますので、その点を意識しながら方策を練ってみましょう。

【7．組織体制と人員計画】

　7の「組織体制と人員計画」には、起業時の組織体制や、事業を進めていくうえで必要となる人員の採用計画を記入します。

　まず（1）の「組織体制」では、起業して3年目くらいまでの体制・人員数を、営業や総務・経理、情報システムなど役割別に記載してください。採用方法や雇用形態、適切な待遇なども考慮し、人件費をどの程度見込むのかについては、8の「利益計画」と整合性をとることが重要です。初めは1人ですべてを行い、仕事が増えるにつれて徐々に雇用していくようになると思いますが、コスト的に難しい場合は、外部に業務委託する、営業代行会社を利用するなど、外注を検討することも必要です。

　（2）の「組織関係図」は、機能別に社内の組織図を簡潔にまとめましょう。（3）の「人員計画」は、人数とともに人件費の推移も記入します。注意点は、社長の給与を最初からあまり高くしすぎないことです。特に助成金や融資を検討している場合は、計画の堅実性が審査のポイントになりますので、利益計画に基づいて、売上の拡大とともに徐々に増やしていくようにしましょう。

　なお、初年度から社員を採用することは、あまりお勧めしません。事業の立ち上がりでは、売上と利益を見込みにくいため、ま

ずは営業や経理などをご自身でやりつつ、売上を上げて、これでいけるという状況になったら、自社に必要な知識やスキルを持った最適な人員の採用や外注を検討したほうが効率的でしょう。

【8. 利益計画】

8の「利益計画」は、ここまで書いてきた事業の内容を数値に落とし込み、利益や資金を適切に確保できるかを検証するものです。

（1）の「販売計画」は、この後の（3）「利益計画」の最上段にある売上高の根拠となるものです。（3）に合わせて、3年分の販売計画を作成してください。取り扱う商品・サービスが2つある場合は、それぞれの計画を分けて記載します。また1種類の商品・サービスであっても、より説得力のある具体的なものとするために、形態や属性別に販売計画を分けることもあります。たとえば、複数店舗を展開するのであれば、店舗ごとの計画を作る、法人向け（BtoB）と消費者向け（BtoC）で分ける、仕入販売と手数料商売で区別する、などが考えられます。

売上高は「客単価×客数」に分解されますから、それぞれの要素を明確化することも重要です。客数は予想しにくいところですが、市場分析とターゲットとする顧客像から予測数値を出してみましょう。客単価は商品やサービスの価格に基づくものですので、経験値や競合他社の価格帯などを参考に設定してください。あまり楽観的にならないよう、保守的な計画にして、予想どおりにいかない悲観シナリオも持っておくと、後々の修正や見直しがしやすくなります。

（2）の「資金計画」で記入する表は、資金をどのように調達し、何に使っているかを表す「資金運用表」と呼ばれるもので、

簡易な貸借対照表です。見慣れない方も多いと思いますので、作成のポイントを簡単にご説明します。

記入する際は、左側（資金の使途）の一番上から、反時計回りで順番に埋めていくのがコツです。まず、設備資金と運転資金の合計を算出します。運転資金には在庫のほか、売掛金や買掛金などが含まれますが、これは顧客からの入金条件や、仕入先や業務委託先に対する支払条件に影響されます。支払サイトが長いと、より多額の運転資金が必要になりますので、事業開始前にそれぞれの条件を詰めておきましょう。

次に、算出した合計額をそのまま右側（資金の調達）の合計欄に転記します（左右の合計額は、必ず一致するようにします）。そして資本金を記入し、「合計額＞資本金」の場合、不足額（合計額－資本金）を融資または自己資金でまかなうことになりますので、その金額を右上の融資と自己資金（資本金以外）の欄に記入して完成です。起業時だけではなく、起業後にどれくらいの資金が必要になり、事業を続けるにはいくら不足しているのかを把握できますので、販売計画と整合性をとって作成してみてください。8章でも説明しますが、実際には資金不足に陥らないよう、月次で資金繰り表も作成することをお勧めします。

（3）の「利益計画」は、3ヵ年度分が必要となりますが、まず月次で計画を作り、それを積み上げて年次の計画を作成しましょう。起業にあたっては、経費をしっかりと固めに見積もることが大切です。そして各費目については、計算根拠や前提を持っておくことが求められます。経費を正確に見積もることで、売上がどれくらい必要なのかを逆算することもできますし、経費を抑えるために事業の方法を見直すことにもつながるからです。特に在庫

を持つビジネスや店舗が必要なビジネス、人を雇用するリスクが伴うビジネスを行う場合は、「やや楽観的なパターン」と「悲観的なパターン」の２通りを準備することをお勧めします。

　利益計画を作ってみて、３年間赤字が続く場合は、ビジネスプランを根本から見直す必要があります。どんなに夢のある事業でも、計画段階で赤字が連続する事業構造では長続きせず、充実したセカンドライフを送ることも難しくなってしまいます。

【9．アクションプラン】

　9の「アクションプラン」には、起業までの準備スケジュールや、起業してから安定的な売上が上がり始めるまでに行うこと、想定されるリスクへの対応方法などを記載します。

　以上が事業計画書作成のポイントですが、他人に任せるのではなく、自分で書き上げるようにしてください。そして、起業家の先輩や専門家に事業計画書を見てもらいながら、ご自身の言葉で事業を説明することが何よりも重要です。気づかなかったリスクを指摘してもらい、アドバイスをもらいながら何度も計画の見直しをくり返すことで、事業は練り上げられていきます。

　最初から理路整然とした事業計画を持っている方はほとんどいらっしゃいません。事業に対する思いや夢を事業計画書という形にすることが、起業への本格的なスタートとなるのです。

事　業　計　画　書

会　社　名		業種	
代 表 者 名			
電　話　番　号			
E － mail			

第5章　事業計画書を作成する

目　　次

1. エグゼクティブサマリー 3
   - (1) 起業理念 3
   - (2) 事業の概要 3
   - (3) 当該業務の市場と競合環境 4
   - (4) 販売方法とプロモーション 4
2. 会社概要と経営者の略歴 4
   - (1) 会社概要 4
   - (2) 経営者の略歴 5
3. 企業理念と事業概要 5
   - (1) 企業理念と活動方針 5
   - (2) 事業概要 6
4. 市場と競合環境 7
   - (1) 市場環境　対象とする市場のニーズや特徴、動向、規模、成長性など 7
   - (2) 競合環境　競合の状況、競合企業や競合商品の特徴など 7
5. 想定顧客と商品・サービス 7
   - (1) 想定顧客とそのニーズ 7
   - (2) 商品・サービス 8
6. 販売方法 8
   - (1) 販売経路とその独自性 8
   - (2) 顧客満足向上方法 8
7. 組織体制と人員計画 8
   - (1) 組織体制 8
   - (2) 組織関係図 9
   - (3) 人員計画 9
8. 利益計画 9
   - (1) 販売計画 9
   - (2) 資金計画 9
   - (3) 利益計画 10
9. アクションプラン 10
10. 添付資料

1．エグゼクティブサマリー
(1) 起業理念

(2) 事業の概要
事務所概要

提供するサービス概要

メニュー

ターゲット

第5章 事業計画書を作成する

(3) 当該業務の市場と競合環境

市場環境

競合環境

(4) 販売方法とプロモーション

2．会社概要と経営者の略歴
(1) 会社概要

会 社 名		業種	
代 表 者 名			
本 社 所 在 地			
電 話 番 号			
E － mail		URL	
設 立 年 月 日		資本金	
株 主 状 況			
従 業 員 数			
事 業 内 容			

(2) 経営者の略歴

a．経歴

b．創業の動機・目的

c．得意分野

3．企業理念と事業概要
(1) 企業理念と活動方針

●企業理念

●活動方針
　ミッション

第5章　事業計画書を作成する

目標

活動方針

(2) 事業概要

a．事業の仕組み

b．事業の成功要因

4．市場と競合環境
(1) **市場環境**　対象とする市場のニーズや特徴、動向、規模、成長性など

(2) **競合環境**　競合の状況、競合企業や競合商品の特徴など

5．想定顧客と商品・サービス
(1) 想定顧客とそのニーズ

第5章 事業計画書を作成する

(2) 商品・サービス

a．提供する商品・サービスの内容

b．提供する商品・サービスのための情報収集

c．提供する商品・サービスの価格

6．販売方法
(1) 販売経路とその独自性

(2) 顧客満足向上方法

7．組織体制と人員計画
(1) 組織体制

(2) 組織関係図

(3) 人員計画

8．利益計画
(1) 販売計画

(2) 資金計画

(単位：千円)

資金の使途（運用）		金額	資金の調達（源泉）		金額
設備資金			自己資金（資本金以外）		
			融資		
				融資合計	
	設備資金合計		資本金		
運転資金					
				資本金合計	
			その他（　）		
	運転資金合計				
合計			合計		

第5章　事業計画書を作成する

(3) 利益計画

(単位：千円)

項目＼会計期				
売上高				
売上総利益				
販売管理費	役員報酬・給与			
	地代・家賃			
	交通費			
	通信費			
	広告宣伝費			
	研修費			
	その他経費			
販売管理費合計				
営業利益				
営業外損益　支払利息等				
経常利益				
税引前当期利益				
法人税等				
当期利益				

9．アクションプラン

Chapter 6

売れる仕組みを考える
―― マーケティングとは

本章では、4章と5章でも少し触れたマーケティングについて、もう少し詳しくお伝えしたいと思います。マーケティングとは、ターゲットとする顧客層に対して、自社の商品・サービスをさまざまな手段で効果的に伝え、関心を持ってもらい、購買につなげるための活動全般を指します。集客や販促の具体的な手法については9章でまとめます。ここでは、そのために知っておきたい「売れる仕組み」の考え方をご説明します。

1　商品・サービスの優先順位を決める

　起業するにあたって思いついたさまざまな商品・サービスを、最初からすべて提供することは避けるべきだと思います。特に、まったく異なる性格の事業を同時に始めることにはリスクが伴うので、すぐに売上が上がりそうなものからスタートするのが安心です。そのために、まずはそれぞれの商品・サービスについて、次のようなことを検討してください。

・その商品・サービスはどのようなニーズを満たすものか
・それぞれの商品・サービスの理想の顧客像とは具体的にどのようなものか
・顧客が利用する状況や用途は何か

　すべてのお客様に選ばれる商品・サービスを作ることは非常に困難です。上記を踏まえ、商品・サービスが具体的になった時点で、ご自身が買っていただきたいと考える理想のお客様を絞り込

第6章　売れる仕組みを考える―マーケティングとは

みましょう。そして、その特定のお客様にご購入いただける商品・サービスになるよう、磨き上げることが重要です（ペルソナ・マーケティング）。

　そのために、まずは自社の商品・サービスを購入してくれそうな顧客がどれくらいいるのか、市場規模の確認が必要になります。図表6-1が、商品・サービスを決定するためのステップです。

　STEP1で対象とする市場の規模を大まかに推測したら、次に年齢や性別、居住地、ライフスタイルなどの基準で顧客全体を細分化します（STEP2）。これは、自社の商品・サービスを受け入れてもらい、またもっとも利益を生み出す顧客層を明確にするうえで必要なプロセスです。なぜならば、4章でも述べたとおり、経営資源の限られている中小企業が、さまざまな市場で多くの競合を相手に戦っても、勝てる見込みはほとんどないからです。お客様に選んでいただけるよう、ターゲットとする市場を定め、自

図表6-1　商品・サービス決定のステップ

STEP 1 市場規模を確認	市場とは、自社の商品・サービスを購入する（購入する可能性を持つ）個人や法人のこと
STEP 2 特定のお客様を選択	お客様全体を細分化して、自社商品・サービスの具体的な特徴が際立つような状況を作ります。
STEP 3 自社商品・サービスの特徴を具体的に考えましょう。	自社商品をどのようなものとして認知してもらいたいかを考えること。 選択したお客様にとって重要な意味を持つものは何かを突き止め、自社商品がその点を満足させるものであることを訴求していくことになります。

社の商品・サービスの特徴が際立つような状況を作り出さなければなりません。

続いて、その市場の顧客層にとって重要な意味を持つ要素を突き止め、自社の商品やサービスがそれを満足させるものであることを、見込み客に効果的に伝えていく方法を考えます（STEP3）。このステップは、自社の商品・サービスのファンを作って購買のリピート率を上げ、さらに口コミの伝播によるお客様の拡大を目指すためでもあります。以上の３つのステップが、ご自身の思いを込めた商品やサービスを、理想とするお客様に届けて事業化するうえで、もっとも基本となる考え方と言えるでしょう。

2 ポジショニングマップを作る

次に行っていただきたいのが、自社の商品・サービスのポジショニングの確認です。

大手企業も含めて販売競争が激化する中、お客様から選ばれ、買っていただける理由があるかどうか、またアピールポイントはどこなのかを明確にすることが重要です。お客様にとって満足感があり、選びたくなる理由を作ることができれば、競合他社と差別化することができます。

まず行うべきことは、競合他社の商品・サービスや店舗の特徴、価格、アピールポイントなどのリサーチです。店舗であれば、実際にその場所に行き、人の流れや立地などを確認してみましょう。そして、自社と競合する有力な会社について、図表6-2

第6章 売れる仕組みを考える―マーケティングとは

図表6-2　競合他社と自社との比較表

レンタルオフィス名	運営会社	最寄り駅	サービスメニュー	登記	料金	
アントレサロン（計画）	当社	●●駅または××駅	個室、フリーデスク（20席）、バーチャル	可	9,505円	→自社
Aレンタルオフィス	株式会社●●	●●駅	個室、フリーデスク（15席）、バーチャル	可（有料）	●●,000円～	→他社

のような自社との比較表を作ることをお勧めします。4章でも述べましたが、10社程度を比較してみると良いでしょう。

比較表ができ上がったら、次はポジショニングマップを作成してみましょう。事業を特徴づける何らかの2つの軸（セグメント）を組み合わせて、自社の商品・サービスの位置づけを明らかにし、競合と比べてどの点で異なっているかを表すものです。図表6-3に、当社の事業の1つであるレンタルオフィスの例を挙げてみました。

ここでは、サービスメニュー（プラン）と価格帯の2つのセグメントを軸に、競合各社と当社を位置づけています。セグメントは複数考えられるはずですので、さまざまな組み合わせで試行錯誤してみてください。軸となるセグメントを変えながら、ポジ

図表6-3　「ポジショニングマップ（例）」

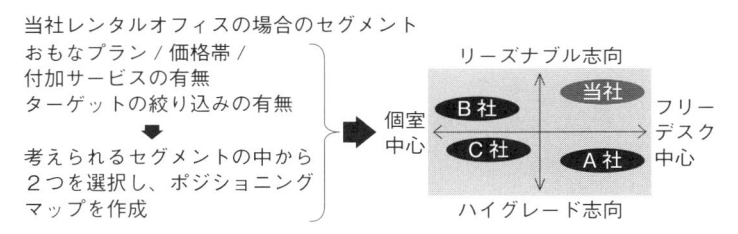

当社レンタルオフィスの場合のセグメント
おもなプラン／価格帯／
付加サービスの有無
ターゲットの絞り込みの有無

考えられるセグメントの中から
2つを選択し、ポジショニング
マップを作成

→

リーズナブル志向

	当社
B社	
個室中心	フリーデスク中心
C社	A社

ハイグレード志向

ショニングマップの作成をくり返すことで、自社がどのような点で競合と差別化を図れるかが、徐々に見えてきます。

　差別化できるポイントが見えてきたら、それを3つにまとめてみましょう。複数の商品・サービスを取り扱う場合は、それぞれについて3つ作ってください。たとえば①高品質、②高機能、③耐久性といったポイントです。お客様に「当社の商品は、他社と比べて価格はやや高いのですが、品質面で○○のような特徴があります。機能面でも…」といったように、プレゼンテーションをする気持ちで内容を考えると良いでしょう。その際に留意すべき点は、他社よりもどこが優れているのか、数値や業界の認定などの客観的な指標で示すことです。たとえば衣料なら、素材の質や繊維の細やかさなどを具体的に示し、それによる効用（品質、耐久性など）を説明すると、より説得力が高まります。

　このように、競合の商品・サービスを意識しながら、自社の特徴を明確にしていくと、販促や営業トークなどで訴求すべきポイントも磨かれていきます。

3　集客・販売方法の検討

　商品やサービスの差別化ができても、実際にお客様に知っていただかないと、売上にはつながりません。事業を安定的に継続していくうえで、集客は「売れる仕組み」のもっとも重要な要素です。ここでは、お客様を獲得していく方法をご説明したいと思います。より具体的な販路開拓や集客方法については、9章をご参照ください。

第6章　売れる仕組みを考える―マーケティングとは

　顧客にアプローチする手段としては、大きく分けて「紙媒体」と「Web媒体」の活用が重要です。紙媒体の代表的なものは、名刺、チラシ（サービスメニューやイベント集客用など）、会社案内です。Web媒体としては、ホームページ、ブログ、Facebook、Twitterなどの活用が挙げられます。

　手始めに、作成が簡単な紙媒体の活用をお勧めしたいと思います。名刺やチラシを作成することで、

・自社の商品・サービスをわかりやすく伝えることができる
・チラシを見せることで、名刺交換の際に相手に深く印象づけることができる
・相手の反応などから、自社のサービス向上につなげることができる

といった効果が見込まれます。

　名刺は、交流会などで使用するために、起業準備段階から専用の物を作っておきましょう。在職中の方は、会社に連絡が入って知られてしまうようなことのないよう、会社の物とは分けて作成しましょう。名刺には、社名や屋号、住所、電話番号、メールアドレスなどを記載しますが、起業準備中の場合は、「○○年×月開業予定」、「起業準備中」と加えておくと、渡した相手に事業への真剣度が伝わります。

　次に、販促用のチラシです。商品・サービスの内容は、口頭だけでなく、紙でお渡しして説明したほうが理解していただきやすいものです。名刺交換の際に興味を持っていただけたら、チラシを渡して説明をしましょう。また、他のお客様に自社をご紹介い

ただく場合もありますが、その際は、簡潔に商品やサービスをまとめたツールがあったほうが紹介者も紹介が簡単ですし、もらった人も利用できるかどうかの判断がつきやすくなります。また、チラシを人に見てもらって意見や感想を聞いたり、相手の反応を見たりすることで、自社の事業内容を見直す良い機会となるでしょう。

　チラシの作成は、ご自身でWordなどを使い、文章やレイアウトを考えるところから始まります。社名や住所、連絡先、ホームページURL、メールアドレスなどの基本情報のほか、商品・サービスの内容、価格、購入方法などを含めてたたき台を作り、多くの人に見てもらってください。

　その際に大切なことは、チラシを作る目的を明確にしておくことです。商品・サービスの購入までつなげたいのか、ただ単に自社の存在を知ってもらうためなのか、チラシからホームページへ誘導して、より詳しい情報に触れていただきたいのか、といった目的によっても、チラシの内容や構成は変わってきます。

　また、競合と認識している会社のチラシも手に入れておいたほうが良いでしょう。競合の売り方がどのようなものかがわかりますし、自社の商品・サービスに独自性があり、きちんと差別化ができているかどうかを確認することもできます。そのようにして、たたき台をより良い物にしていきましょう。

　チラシの種類は、商品・サービス用のほかにイベント用、セミナー用など、複数のチラシを準備しておくことも検討してください。会社の情報が中心のチラシは会社案内として作成し、お客様へアプローチするためのチラシは、商品やサービスの情報を優先して掲載するようにしましょう。この段階では、社名などの会社

第6章　売れる仕組みを考える―マーケティングとは

概要よりも、具体的な商品・サービスの情報のほうがより強く求められます。

　チラシのたたき台に写真や図などを入れ、内容が固まったら、チラシ制作会社に依頼します。商品・サービスに関する説明やキャッチコピーは、事業のことを一番理解しているご自身で作成してください。参考として、当社のチラシの例をご紹介します（図表6-4）。まず気をつけることは、全体の色使いです。会社としての基本色（コーポレートカラー）を決め、チラシに統一感を出しましょう。また、人は通常、左上から順番に「Ｚ」の形で読んでいくものです。したがって、社名や商品・サービス名などの重要な項目は、左上に配置するようにしましょう。中段には商品・サービスメニュー、価格などの説明、下段には住所、電話番号、メールアドレス、ホームページURLや地図を入れるようにすると、バランスが良くなります。

　字数は、あまり増やさないようにしてください。文字で埋め尽くされたチラシは、読んでもらえない場合が多いものです。写真や図、グラフなどを使い、キャッチコピーで目を引いて、読んでもらいやすい構成にしましょう。

　チラシを作成する際に重要なポイントを、もう少しご紹介します。

　まずは、「お客様の声」をチラシに入れることです。自社の商品・サービスを実際に使っていただいた方に、感想や良かった点を話していただいた内容が書かれていると、他のお客様に商品・サービスの有用性や価値を感じていただきやすくなるからです。

　もう1つは、チラシをお客様に渡す場面を想定して作成することです。手渡しなのか、お店に置いてもらうのかなどによって、

図表 6-4 「チラシ（例）」

第6章　売れる仕組みを考える—マーケティングとは

渡しやすく受け取りやすい（手に取りやすい）形を考えておきましょう。手渡す場合は2つ折りや3つ折りにしても良いかもしれませんし、どこかに置く場合はチラシの中でキャッチコピーなど目立たせる箇所がシーンによって異なるので、形状を変えておくことも必要です。

　また、写真をたくさん準備しておくことも重要です。特に、形のある商品と違い、サービスは目に見えにくいものですので、サービスを説明している場面やセミナー、イベントなど、あらゆ

図表6-5 「チラシの作成手順と流れ」

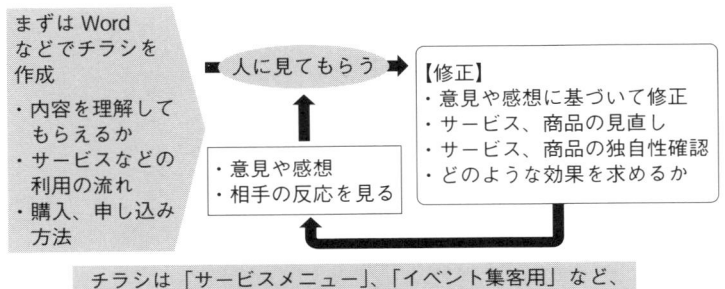

まずはWordなどでチラシを作成
・内容を理解してもらえるか
・サービスなどの利用の流れ
・購入、申し込み方法

→ 人に見てもらう →

【修正】
・意見や感想に基づいて修正
・サービス、商品の見直し
・サービス、商品の独自性確認
・どのような効果を求めるか

・意見や感想
・相手の反応を見る

チラシは「サービスメニュー」、「イベント集客用」など、種類ごとに作るのがポイント

る機会に写真を撮っておいてください。チラシはもちろん、会社案内やホームページを作成する際にも使用できます。今後は、動画もますます重要なツールになるでしょう。

図表6-5に、ここまで述べたチラシの作成手順と流れを簡単にまとめましたので、ご参照ください。

会社案内は、集客用のチラシほど急がなくても大丈夫ですが、法人向け（BtoB）のビジネスを予定されている方は、A4の紙1枚で結構ですので、会社概要をまとめておきましょう。

さて、チラシや名刺ができ上がったら、顧客名簿を増やしていくためのアプローチを始めます。おもなアプローチ方法には、チラシのポスティング、ビラ配り、ダイレクトメール（DM）、テレアポなどが、さらに名簿を増やすためには、交流会や展示会などに参加する方法もあります。しかし、DMの送付や展示会への参加は費用や労力がかかるうえに、それに見合うだけの効果が出るかどうかはすぐにはわかりません。初期の段階では、焦ってすべてをやろうとするのでなく、少額の費用でできる範囲のことか

第6章 売れる仕組みを考える―マーケティングとは

図表6-6 「顧客へのアプローチの考え方」

| ポスティング
ビラ配り | テレアポ
交流会参加
メルマガ活用 | DM
(業者に依頼)
展示会参加
何らかの会
に所属 | 考えつくことを
すべてやろうと
せず、段階的に
アプローチする |

成果が上がったら、徐々にコストをかけていく

ら始め、結果が出始めたら段階的にコストをかけて、アプローチの手段を増やしていく方法が良いと思います（図表6-6参照）。

4 Web媒体の活用

　紙媒体で集客効果が上がってきたら、次はWeb媒体の活用を検討しましょう。ここでは、自社ホームページの作成と他社サイト（ポータルサイト）の基本的な活用方法をご説明し、実際の集客につなげるための具体的なWebツールの活用方法や、アクセス数アップのための対策については9章でご紹介します。

　Web媒体でまずご検討いただきたいのが、自社ホームページの作成です。ホームページは、会社の概要や商品・サービスの詳しい内容を多くの方に伝えることができ、お客様からの問い合わせの窓口にもなる、もっとも基本的なWebツールと言えるでしょう。ただし、実際の集客につなげるには、わかりやすいホームページを作り、的確な運用をしていくことが重要です。ここでは、その基本事項をご説明します。

　ホームページの形式や構成要素はある程度決まっていて、ペー

ジの上部に会社名やロゴ、画像、目次となるメニューバー（ナビゲーションボタン）が配置されています。メニューバーは会社案内や各種情報、サービスなどのコンテンツのページとリンクしていて、クリックすると詳しい説明が書かれた各ページに飛ぶ仕組みです。ページの下部には、お問い合わせ先などが書かれています。

　ホームページの内容文章は、まず Word を使ってご自身で作成してみることをお勧めします。もちろん、実際のホームページの作成は専門の制作会社に依頼することになりますが、掲載するコンテンツの文章を用意することで制作費を抑えられるうえ、商品・サービスをもっとも理解しているご自身だからこそ、お客様に伝わるコンテンツを作ることができるものです。

　また、作成後の運用、特に更新作業の必要性も考慮に入れておいてください。長い間、更新がされていないホームページは、見る人に不安感を与えるものです。新商品の紹介やイベント、キャンペーン開催などの節目できちんと情報を更新し、ホームページが活発に動いている印象を与えることが重要です。そのためには、ホームページ制作会社に、CMS（コンテンツ・マネジメント・システム）を使った作成を依頼すると良いでしょう。

　CMS とは、ホームページのテキストや画像、レイアウトなどを管理するシステムで、Web デザインに関する技術や知識がなくても、簡単に編集や情報発信をすることが可能です。CMS を使わずにホームページを構築すると、更新のたびに制作会社に依頼しなければならず、コスト負担が発生するうえ、タイムリーな更新がしにくくなります。また、問い合わせなどへの返信を自動で行う機能も付けると、ホームページの維持・運用のための労力

第6章　売れる仕組みを考える―マーケティングとは

を大きく減らせます。ちなみに先に述べたとおり、ホームページのアドレスは独自のドメイン（@○○.co.jpなど）とすることをお勧めします。

　お客様が来訪するような店舗や事務所を持つ場合は、「グーグルマップ」に自社店舗名が表示されるよう、グーグルに登録を申請しましょう。駅などからのアクセス方法を地図とともに無料で掲載できます。また、検索された場合に、場所とともに表示される写真をつけることも可能です。

　もちろん、自社のホームページを作ればそれで終わりではなく、より多くのお客様にアクセスし、見ていただくさまざまな工夫が必要です。その対策については、9章でご説明します。

図表6-7　「ホームページ（例）」

5　他社サイトの活用

　自社のホームページにアクセスするお客様を増やすためには、他社サイトの活用も有用です。

たとえば、通販ショップを立ち上げるのならば、「楽天市場」や「Yahoo!ショッピング」などの通販サイトに出店し、自社サイトへリンクを設置することで、お客様を誘導できる可能性が高まります。また士業などの専門家であれば、「専門家プロファイル」や「士業ネット」、「ドリームゲート」などの各種専門家を紹介するポータルサイトに登録する方法もあります。登録すると、ご自身のプロフィールページを持つことができますので、セミナーなどの情報を発信して集客につなげることも可能です。また、「セミナーズ」や「こくちーず」などの主要なポータルサイトはアクセス数が多く、セミナー開催やイベント告知をすることで、潜在的な見込み客にアプローチできるのもメリットと言えるでしょう。通販サイトなどには決済機能もあるので、代金回収の不安もありません。また、コストもそれほど高くないので、起業したての頃は、まずこのような他社サイトを活用し、見込み客が増えてきたら自社ホームページを作るというやり方も有効でしょう。

　業種によって、さまざまなポータルサイトがありますので、ご自身の商品やサービスに適したものかどうかという視点で選ぶ必要があります。一度、競合先がどのようなポータルサイトに掲載されているかも調べてみましょう。競合と同じサイトに載せるのも1つの手です。

　くり返しになりますが、自社ホームページにせよ、他社サイトを活用するにせよ、商品・サービスの紹介やキャンペーンなど、定期的な情報発信や更新を心がけ、活発に動いている会社という印象を持たせることが非常に重要です。

6 AIDMAの法則―購買プロセスに着目し、お客様との関係を構築する

　紙媒体やWeb媒体を活用してお客様を獲得したら、集めた情報の管理や運用ができるよう、顧客名簿を作成し、データ化しましょう。名簿の作成はたとえばExcelなど、自社に合ったやり方で構いませんが、個人情報の保護や活用に重点を置く場合は、専用の顧客情報管理ソフトや名刺管理ソフトの利用をお勧めします。

　顧客名簿に登録した見込み客には、定期的にアプローチする必要があります。すぐには自社の商品・サービスを購入しないとしても、欲しくなったときに思い出していただけるよう、長期的な関係づくりをしましょう。たとえばメールマガジンを配信する、会報誌を送付する、年賀状や暑中見舞いを出す、社名入りのカレンダーやボールペンを配る、といったことです。

　見込み客に定期的なアプローチをする際、知っておいていただきたいのが、「AIDMA（アイドマ）の法則」です。これは、見込み客が最終的に購入決定に至るまでのプロセスを示し、それぞれのお客様がいま、どの段階にいるのかを見極めつつ、購入行動を起こさせるために、その状態に応じた効果的なコミュニケーションをとることの重要性を説いたものです。

　効果的なマーケティング戦略や手法を立てる際には、消費者心理の把握が欠かせません。インターネットの定着やモバイル化の進展などメディアが多様化する中で、消費者の行動も複雑化し、それに対応するようにさまざまなモデルが考えられていますが、AIDMAは消費者行動を理解するうえで基本となる理論ですの

で、ぜひ押さえておいてください。

　消費者はまず、その製品の存在を知り（Attention）、興味を持ち（Interest）、欲しいと思うようになり（Desire）、記憶に残り（Memory）、最終的に購買行動に至る（Action）、という購買決定プロセスを経るとされています。各段階に応じたアプローチをすることによって、お客様は自然に次のステップへ進み、商品やサービスを買っていただけることになります。

　お客様が商品・サービスの存在を知らない（Attentionがない）段階では、いくら自社のホームページを充実させていても、存在しないのと同じです。広告や直接会うことで商品・サービスを宣伝する、Web検索で自社が上位に表示されるような策を打つなど、消費者に知っていただく努力が必要です。また、知っていても興味（Interest）を持っていないお客様に売り込んでも、迷惑がられるだけで逆効果ですので、チラシやホームページなどで自社の商品・サービスの優れた点やメリットを知っていただかなければならないでしょう。そして、ご利用いただいたお客様の評価や感想といった口コミなどから、自分も使ってみたいという欲求（Desire）を引き出し、深く記憶（Memory）してもらって、購入するきっかけを提供することにより、実際の購買（Action）につなげていく、という段階を踏む必要があるのです。

　顧客名簿を作ったら、自社の商品・サービスが、それぞれのお客様にとってどのステージに位置しているのかを常に意識するようにしましょう。そして、次のステージに進む行動を起こさせるための決め手は何かを考えながら、適切な広告や販促などの施策を打つことが重要となります。

第6章　売れる仕組みを考える―マーケティングとは

「ランニンググッズ企画開発の
　ビジネスモデルを考える」

　　株式会社ランビー
　　代表取締役
　　服部　真 さん（56歳）

　私は、大手玩具メーカーやデザイン・企画会社で長年、玩具や雑貨商品に携わってきました。今年起業したばかりです。もともと走ることが趣味で、できればランニングにかかわる仕事をしたいと思って、会社を設立しました。ランニングは、ストレス解消に最適なスポーツです。多くの方に走ることの楽しさや気持ち良さを味わっていただき、健康を維持するためのお手伝いをしたいと考えています。

　現在、ランニングの裾野は大きく広がり、全国各地で市民マラソンが開かれるなど、ジョギングやランニングを趣味とする人たちが急激に増えています。ランニングに関連する商品の需要は、間違いなく伸びていくと思います。「レースに出るなら、目立ちたい。個性を出したいし、楽しみたい」というランナーも増えており、特に女性向けのランニンググッズの企画開発や応援グッズの開発に力を入れていきたいと考えています。

　起業準備にあたっては、片桐さんの「セカンドライフ起業セミナー」に参加するなどして準備を進めてきました。いずれは、自社で商品を製造したいという思いもありますが、まずは顧客を広げ、資金力をつけることが先決ですので、仕入販売ではなく、企画提案型のマージン収入を主とするビジネスモデルで事業を進めています。またSNSを使って、ランニング仲間のコミュニティづくりもしています。現在は、当社の開発した商品を使ってもらい、寄せられた意見や感想を商品開発にフィードバックする試みにも注力しています。

「起業後に業界のノウハウを学び、
　アーティストのマネジメントに邁進」

　　株式会社 Jewel Box Music
　　代表取締役

　　久保　晴也 さん（53歳）

　私はピアノの販売に従事していましたが、以前からピアニストを対象としたアーティストの育成やマネジメントにかかわる仕事をしたいと思っていました。そこで、45歳のときに会社を退職し、音楽事務所の設立準備を始めました。日本はピアノの保有率が世界一で、ピアノ音楽が非常に好まれていることや、演奏できる場所も多いことから、潜在的な市場が大きく、経験を活かせると考えたのです。

　でも当初は、ピアノ販売のノウハウと、アーティストを育成、マネジメントする音楽業界に必要な知識やノウハウの違いに、苦戦を強いられました。そこで、ある音楽事務所にお願いして事務所の機能をお借りし、アーティストのオーディションやレコーディング、プロモーションなどを実際に経験することで、少しずつ業界のノウハウを吸収していきました。

　法人を設立した理由は、オーディションを行ったり、メディア関係各社に営業をしたりする際に、個人事業では対外的な信用を得にくいと考えたためです。現在は、女性ピアニストのマネジメントや、CDの制作、ライブイベントの開催などを行っています。会社勤めの頃に比べるとプレッシャーや不安は大きいですが、仕事を成功させたときの満足感も大きいですね。

Chapter 7

起業形態の選択

事業内容が固まったら、どのような組織形態で起業するかを検討します。まず、個人事業主として起業するのか、法人を設立するのかを選択しなければなりません。法人の場合は株式会社、合同会社などさまざまな形態の中から、ご自身の事業に適した形態を選ぶ必要があります。どのような方法をとるにせよ、それぞれにメリット、デメリットがあります。本章では、起業形態を選択する際の留意点をご説明します。

1　個人事業主と法人の違い

　起業にあたってご相談の多い内容の1つが、法人を設立したほうが良いのか、個人事業主として起業したほうが良いのか、についてです。ここでは、両者の基本的な違いをご説明します。

　まず、法人は有限責任であるのに対し、個人事業主は無限責任を負う点で大きく異なります。ここでの責任とは、「事業上の債務に関する金銭的な責任」です。法人の場合は、自分の出資した金額までの責任に限定されますが、個人事業主は事業資金として借入をしても、個人の借金と同列に扱われるため、債務全額について責任を負わなければなりません。設備投資が必要な事業や在庫を持つビジネスの場合は、個人の財産を守るために法人化したほうが安心でしょう。

　次に、法的手続きなどで使用する名義が異なります。法人の場合は、売買契約や賃貸借契約などの契約当事者として会社名で締結できるほか、不動産登記や銀行口座の開設も法人として行うことができます。一方、個人事業主はすべて、個人名で契約締結や

銀行口座開設を行わなければなりません。

また、一般的に法人のほうが社会的な信用が高く、法人でないと取引しない企業もあることに注意が必要です。法人は、行政の助成金や金融機関からの融資を受けやすいというメリットもあります。一方の個人事業主は、税務署への開業届を提出するだけで事業を開始することができ、法人と比べて設立や維持のための費用がかからないのがメリットです。

経理や税金面でも大きな違いがあります。法人のほうが、会計実務や税務申告などの手続きが煩雑で、個人事業主は申告方法にもよりますが、全般的に事務処理は簡便です。また、所得に対する課税（法人税、所得税）方法も異なります。財務や会計、税金に関しては、8章でご説明します。

図表7-1に「法人化のメリット・デメリット」をまとめました。起業形態を検討する際には参考にしてください。

これら法人と個人事業主の違いを踏まえ、ご自身の事業内容や規模、取引先との関係などとともに、どちらがご家族の理解と協力を得られやすいかという点も考慮に入れて、起業形態を選択し

図表7-1　「法人化のメリット・デメリット」

法人化のメリット	法人化のデメリット
・有限責任のため、個人の財産を守れる ・給与所得控除を利用できる ・所得を分散できる ・社会的信用がアップする ・経営者の退職金を必要経費にできる ・経営者の生命保険料を必要経費にできる ・銀行の融資を受けやすい ・返済金不要の助成金を活用しやすい ・社会保険に加入できる	・法人住民税の負担が増える ・交際費が全額必要経費にならない ・社会保険料の負担が増える ・設立費用がかかる ・税務調査が入りやすくなる

ていただきたいと思います。

2 法人組織の種類と違い

　法人化することを決めた場合、次に皆さんが悩まれるのは、どのような組織形態にするかということです。設立の検討対象となる主な組織形態を、図表7-2と図表7-3にまとめました。図表7-2は営利組織で、図表7-3は非営利組織です。「営利」とは、

図表7-2　「営利組織のおもな形態」

会社類型	株式会社	合同会社 （LLC）	有限責任事業組合 （LLP）
責任	有限責任	有限責任	有限責任
運営	法規規制 損益や権限の配分は 出資額に比例 機関の設置必要 （最低限取締役が必要）	定款自治 損益や権限の配分 は自由 機関の設置が不要	定款自治 損益や権限の配分 は自由 機関の設置が不要
法人格の有無	○	○	×
構成員課税 （パススルー）	× （法人課税）	× （法人課税）	○ （構成員課税）
人数	1人○	1人○	1人×
決算公告の義務	○	×	×
設立費用 （いずれも電子定款の場合）	20万円	6万円	6万円
公証役場の認証	○	×	×
役員の任期	上限あり	上限なし	上限なし
出資のみで業務執行権 が無い対応が可能か	○	原則×	× 全員が 業務執行権あり
株式会社への移行	－	○	×
社員（役員）の入社 持分の譲渡の承認	株主総会の承認	総社員の一致	総組合員の同意

第7章　起業形態の選択

図表7-3　「非営利組織のおもな形態」

	一般社団法人	一般財団法人	NPO法人
設立者	設立時社員2名以上	1名以上	社員10名以上
理事	1名以上（理事会設置の場合は3名以上）	3名以上	3名以上
監事	不要（理事会設置の場合は1名以上）	1名以上	1名以上
会計監査人	大規模法人のみ必要	大規模法人のみ必要	不要
評議員	不要	3名以上	不要
基本・財産	不要だが、基金制度を設けることも可能	300万円以上必要	不要
設立必要期間	2週間以内も可能	2週間以内も可能	半年程度
税制	非営利型法人の要件を満たせば、収益事業のみ課税。そうでなければ、全所得に課税		収益事業のみ課税

組織として上げた利益を構成員（株主など）で分配することを意味し、「非営利」とは、利益を構成員に分配せずに組織を運営する点で異なります。誤解されやすいのですが、非営利組織だからといって、決して収益事業を行ってはならないというわけではありません。また、非営利組織では利益の分配ができませんが、役員は報酬を受け取ってもよいので、無報酬で事業をやらなければならないというわけではありません。

　図表7-2の株式会社は、もっとも一般的に普及している組織形態ですので、詳しい説明は不要かと思います。株式会社の機関設計にはさまざまな方法がありますが、最高意思決定機関である株主総会があり、その下に取締役1名を置くというのがもっともシンプルな形態です。商号や本店所在地、事業目的、出資者、資本金、役員などを決め、定款を作成して公証人役場で認証を受ける必要があり、登録免許税15万円と定款の認証費用5万円の設立

費用がかかります（電子定款の場合）。

　また最近、設立件数が増えているのが合同会社（LLC）です。これは、2006年の会社法施行に伴って新設された会社形態です。株式会社とは異なり、株主総会などの意思決定機関の設置が不要で、定款自治が原則のため、会社法の範囲内であれば、構成員間での損益や権限の分配も自由に設計できるなど、経営の自由度が高いのが特徴です。定款も認証を受ける必要がないため、設立費用は登録免許税6万円のみと低額ですし、決算公告も不要なため、維持費用もそれほどかかりません。もちろん決算があり、法人税など税金面については、株式会社と同じ扱いです。

　ただし、日本ではまだそれほど知名度が高くありませんので、対外的な信用度の点で、企業相手の取引を主体とする事業には向かないこともあります。社名に「株式会社」が入っているかどうかが決め手とはならない一般消費者向けのビジネスや、他社ブランドで商売を行うフランチャイジーなどに適した形態です。1人起業の場合には、株式会社と比較して運営の労力や費用を削減できるため、特にメリットがあると言えるでしょう。

　有限責任事業組合（LLP）は、個人事業主や法人などが出資して共同事業を行う事業形態で、法人格はありませんが、合同会社（LLC）と同様、出資者は有限責任で、定款自治による柔軟な運営が可能です。デザイナーやソフト開発、共同開発研究、経営コンサルティングなど、専門性の高い人材が集まって行う事業や、まちおこしなどの期間が限定されたプロジェクトに適した事業体です。税金面では、LLPという組織に法人課税されるのではなく、各出資者へ分配される利益に課税される仕組みとなっています（構成員課税＝パススルー課税）。

3 非営利型の法人設立

　次に、非営利型の法人についてご説明します。前述したとおり、収益事業を行ってはならないというわけではなく、特に一般社団法人と一般財団法人は、株式会社と同様の事業を行うことができます。なお、一定の要件を満たした非営利型法人であれば収益事業のみに、そうでない場合はすべての所得に対して法人税が課されます。

　社団法人と財団法人の違いとしては、必ずしも決まっているわけではありませんが、前者が「人の集まり」、後者が「財産の集まり」であることが挙げられます。財団法人は、設立の際に財産を拠出し、それを運用することによって事業を行いますが、社団法人では拠出金は求められず、一定の目的のために人が集まって活動することに重点を置いています。

　またNPO法人は、「特定非営利活動促進法」という法律に基づいて設立され、公益性の高い20分野の事業に制限されている点が特徴です。活動の目的は、広く社会的な利益の増進に重きが置かれます。

　事業によっては、一般社団法人の形態をお勧めします。特に、会員を募って認定・資格を発行するようなライセンスビジネスや、営利目的でもたとえば、幼児向けの教育事業など社会貢献性の高いビジネスを行う場合は、信頼性やイメージ向上に適しているからです。もちろん、株式会社と同じく、法人名義での契約締結や銀行口座の開設もできますし、行政などからの信用も個人事業主に比べると高いと言えます。また出資金も不要で、社員（株

式会社の株主に相当）は2名、理事（取締役に相当）は1名で設立可能です。

4 法人の設立手続き

法人については、株式会社の設立を例に手続きの概略を説明します。まず、会社の基本ルールを定めた「定款」を作成するために、以下の項目を決める必要があります。行政書士や司法書士に相談しながら手続きを行う方が多いと思いますが、主な項目について触れておきます。

・商号（会社名）
・事業目的
・本店所在地（住所）
・資本金
・事業年度
・役員

・商号
商号には、「株式会社」という文字を含めなければなりません。旧商法では、類似商号の規制に注意が必要でしたが、現在の会社法では、本店住所が同一でなければ、原則として類似の商号も認められます。ただし、特定の業法で規制されている業種の名称（例：〇〇銀行）、「支店」や「事業部」など会社の一部門を表すような名称は、商号として用いることができません。また商号

が決定したら、会社の実印（代表者印）を作成します。

・事業目的

　事業目的は、会社がどのような事業を行うことができるかを定めるものです。目的は複数記載できますので、起業時の事業だけでなく、将来的に行う可能性のある事業も含めておきましょう。許認可が必要な事業（例：人材派遣業、飲食業など）を行う場合は、許認可申請時にその事業目的を入れておかなければなりません。後で許認可を取得しようと思ったときに事業目的を変更すると、登記変更の費用がかかってしまいます。

・本店所在地

　本店所在地（住所）については、自宅や賃貸オフィスなどの住所を登記する場合は、賃貸契約や管理規約などで事業目的が制限されていないかどうか、念のため確認してください。また、当社のような専用のレンタルオフィスを登記住所とすることも可能です。業種によっては、場所のイメージも重要になりますので、慎重に検討しましょう。

・資本金

　資本金は、以前の商法では最低資本金制度（1,000万円）がありましたが、現在の会社法では規制はなく、1円でも設立可能です。とは言え、実際にはオフィスや什器備品などの初期投資や当面の運転資金が必要ですので、資金計画に基づいて、ある程度の余裕を持っておきましょう。また、創業融資などを受ける予定がある場合は、自己資金額が審査要件となりますので、そのバランスも考慮して適正な資本金額を検討する必要があります。

　なお、設立登記申請には資本金の払込を証明する書類が必要です。会社設立の発起人（複数いる場合は代表者1名）名義の銀行

口座に振り込み、その通帳のコピーを会社代表者名で作成する払込証明書とともに、法務局へ提出することになっています。

　資本金は、金銭での出資に限定されているわけではありません。パソコンや有価証券、自動車などの財産で出資することも可能で、これを「現物出資」といいます。原則としては、出資した財産の価額が適正かどうかを評価するために、裁判所が選任する検査役の調査が求められますが、現物出資の総額が500万円以下であれば、調査は不要です。手持ちの現金に余裕があまりない場合は、現物出資の活用も検討しましょう。

・事業年度

　一般的には設立した月から事業年度が始まり、翌年の設立月の前月までが多いです。たとえば3月10日に設立すると、3月1日から翌年2月末までの事業年度にします。この場合、決算期は2月になります。

・役員

　役員は、取締役1名がいれば設立できます。シニア起業ですと、株主も自分1人、役員も自分1人という1人起業の方が多いです。

　図表7-4に、株式会社設立について、2006年に施行された会社法とそれ以前の商法の主な違いをまとめました。

　会社の設立登記に必要となる申請書類にはさまざまなものがありますが、中心になるのは「定款」です。先にお話しした項目のほか、決算など重要事項の公告方法や株式の譲渡制限事項、取締役の定員数などを決めて定款を作成します。作成した定款は公証人役場の認証を受け、その他の登記申請書類をそろえたうえで、

図表 7-4 「会社法改正前後のおもな違い」

	改正後(新会社法)	改正前(商法)
最低資本金	なし。資本金1円から株式会社を作ることができる。	株式会社は1,000万円 有限会社は300万円
銀行の保管証明	発起設立の場合は不要。残高証明でOK	必要
有限会社制度	なし	あり
類似商号	基本的になし	類似商号にひっかかった場合は、商号の変更が必要
現物出資の際の検査役の調査要件	現物出資の総額が500万円以下であれば不要	資本の5分の1未満、かつ500万円未満という要件あり
事後設立の検査役の調査要件	全面撤廃	設立後2年以内に資本の5%

法務局で登記を行うことになります。

　なお定款は、紙ではなく、PDFファイルによる電子定款で認証を受けることによって、収入印紙4万円分を削減できるという費用的なメリットがあります。紙と電子定款の認証費用の比較は、図表7-5のとおりです。電子定款の作成と認証には、WordからPDFに変換するためのソフト（"Adobe Acrobat"の電子署名挿入機能付バージョン）や、定款に電子署名をするための機器（ICカードリードライタ）が必要ですが、電子定款に対応している行政書士に依頼すれば労力を減らせます。

　登記が完了したら、税務署などへの法人設立届や銀行口座の開設など、諸手続きが必要になるので、登記簿謄本（履歴事項全部証明書）や印鑑証明書を取得しましょう。法人設立による起業に必要な届出書類は、図表7-6のとおりです。

図表7-5 「電子定款認証のメリット」

	通常の行政書士事務所	電子定款導入の事務所
公証人の認証手続き	約 50,000 円	約 50,000 円
定款の収入印紙代	40,000 円	0 円
法務局の登録免許税	150,000 円	150,000 円
印鑑代	約 50,000 円	約 50,000 円
合計	約 290,000 円	約 250,000 円

株式会社、合同会社を設立するときの定款は電子化しましょう。

　これらの手続きを経て、晴れて会社が設立され、事業がスタートするわけですが、会社設立前の費用の処理方法について補足します。

　設立登記までには、登録免許税や専門家への報酬などさまざまな費用を支出しなければなりません。法人設立前ですので、いっ

図表7-6 「法人設立による起業に必要な届出書類」

源泉所得税の納期の特例の承認に関する申請書（税務署）も提出が必要です。

開業1ヵ月以内に行う届出
①法人設立届出書（税務署）
②法人設立報告書（県税事務所）
③法人等の設立申告書（市長村役場）
④給与支払事務所等の開設届出書（税務署）

開業3ヵ月以内に行う届出
⑤青色申告の承認申請書（税務署）

事業年度末までに行う届出
⑥消費税課税事業者選択届書（税務署）
⑦消費税簡易課税制度選択届出書（税務署）

翌確定申告期限（通常は事業年度末から2ヵ月以内）までに行う届出
⑧棚卸資産の評価方法・減価償却資産の償却方法の届出書（税務署）

たんは個人として支払うわけですが、本来であれば設立された法人が負担すべき費用です。これらの法人設立に必要な費用は、「創業費」として会社に計上できます。会社は、事業を開始した初年度に全額を費用とすることもできます（一括償却）が、創業費は支出したときだけでなく、その効果が将来にも及ぶものとして、「繰延資産」に計上することも可能です。その場合は、5年間にわたって均等償却することになります。設立のために支出した費用を5分の1ずつ費用計上することによって、各年度の経費を抑え、その分だけ利益を増やすことができるので、設立時に一括償却と繰延資産計上のどちらを選択するかを念頭に置きましょう。

5 開業・設立の手続き

個人事業主として開業する場合は、開業日から1ヵ月以内に税務署へ開業届出書を提出します。お金の出入りをプライベートと区別するために、個人事業専用の銀行口座も開設しましょう。そのほか、必要に応じて提出する税金に関する書類について、図表7-7にまとめました。申告方法の選択など、詳細は8章でご説明します。

図表7-7 「個人による起業に必要な届出書類」

源泉所得税の納期の特例の承認に関する
申請書（税務署）も提出が必要です。

開業1ヵ月以内に行う届出

①個人事業の開廃業届出書（税務署）
②開業報告書（県税事務所）

開業2ヵ月以内に行う届出

③所得税の青色申告書（税務署）
④青色事業専従者給与に関する届出書（税務署）
　※④は専従者がいる場合

開業年の12月末までに行う届出

⑤消費税課税事業者選択届出書（税務署）
⑥消費税簡易課税制度選択届出書（税務署）

翌年3/15までに行う届出

⑦棚卸資産の評価方法・減価償却資産の償却方法の届出書（税務署）

第7章 起業形態の選択

「合同会社で起業
BtoB取引には法人格が不可欠」

合同会社インタープレイ
代表

栄坂 均 さん（59歳）

　私は、総合商社で長く不動産開発に携わっていました。資産運用を検討する経営者と接することも多かったですし、関係会社の社長を務めたこともあって、自然と経営に対する意識も高まっていきました。

　定年前の58歳で退職し、法人向けの不動産コンサルティングをやろうと起業を決意したのですが、会社をどこに置くかを悩んでいました。そんなとき、たまたま銀座セカンドライフの看板を見て、飛び込みで相談をしたのです。代表の片桐さんとお話しして、レンタルオフィスを事務所として借りることとし、会社設立のサポートについてもお願いしました。

　私が考えていた事業は法人向け（BtoB）が主体でしたので、片桐さんからは「対外的な信用を得るには法人格が不可欠です」とアドバイスを受けて法人設立を決意し、株式会社と比べて設立費用の少ない合同会社の形態で会社設立を決めました。おかげ様で、スムーズに事業を開始できたと思います。

　社名である「インタープレイ」はジャズの用語で、「各パートが役割を全うしつつも、全体を見て調和している」という意味です。専門性にとらわれすぎることなく、柔軟に情報を取り入れ、関係者同士の橋渡しができる存在でありたい、という思いを込めました。前職で培った人脈を活かしながら、今後も事業を進めていきたいと思っています。

Chapter 8

会計・税務と
融資・助成金制度

本章では、事業のためのおカネに関して知っておいたほうが良いことをご説明します。法人にせよ個人事業主にせよ、資金繰りや会計、税金は常につきまとう問題です。会社を円滑に経営するには、取引上で必要な書類や会計書類（帳簿）を整備する必要もありますし、月次で正確な損益を把握・管理できる業務体制を作ることも重要です。また、起業や事業展開にあたっては、行政の助成金を活用することも非常に有効ですので、併せてご紹介します。

1　自己資金の重要性

　3章でも述べたように、ある程度以上の自己資金を確保しておくことは、起業の成功を左右する大きなポイントの1つです。起業にあたっては、業種や売上にもよりますが、「初期投資分＋運転資金3ヵ月分」が最低限の所要資金とお考えください。これに加えて、当面の生活費も考慮する必要があります。

　この所要資金のうち、少なくともその3分の1は自己資金として用意したいものです。行政や金融機関から融資を受ける際も、起業に必要な資金のうち、3分の1～2分の1の自己資金がないと、審査をパスできません。貸し手側は、返済可能性はもちろんですが、自己資金をどのように、いくら準備したかが、起業に対する真剣さや経営者としての資質を表すものと見ているからです。

　事業開始後、運転資金などのために無担保で融資を受ける際の借入限度額の目安としては、事業規模とのバランスから考えて、

事業が軌道に乗ったときの年間売上高（年商）の3割程度、つまり3～4ヵ月分の売上相当金額が上限です。もちろん、計画どおりに売上が上がっていくとは限りませんので、それ以上の借入をしてしまうと、返済のために資金繰りが厳しくなり、生活費まで圧迫される恐れもあります。融資を受ける際は、くれぐれも楽観的な計画ではなく、慎重に売上予想や収支計画を見積もるようにしましょう。

2 事業に必要な書類

　実際にビジネスを開始し、取引先と仕事を進める際には、さまざまな書類のやりとりが発生します。商品・サービスの内容や範囲、納期、価格、支払条件など、取引にあたって重要な約束、条件については口頭で済ませず、必ず書面を交わして確認するようにしましょう。

　まず、営業活動の結果、顧客から「購入したい、利用したい」という意思表示（引き合い）があった場合は、「見積書」を発行します。どのような商品・サービスに対し、どれだけの費用がかかるかを顧客に理解してもらうためです。見積書は、その対価を正しく支払っていただくうえで、重要な書類となります。図表8-1は、当社が使用している見積書の例です。

　見積書の作成にあたって留意すべき点は、提供する商品やサービスの内容・範囲を明確に記載することです。「～一式」とするのではなく、付随する業務も具体的に記載し、何が含まれて何が含まれないのかを明確にしておくことが、後々のトラブルを避ける

図表8-1 「見積書（例）」

平成○○年 × 月 × 日

御 見 積 書

株式会社　●× 商事　御中

ロゴ　銀座セカンドライフ株式会社
〒　104-0061　　　　　　　　　　社判
東京都中央区銀座7丁目13番地5号
NREG銀座ビル1階

下記の通り御見積申し上げます。
件名：事業計画書作成

御見積書　　　　　　　　　162,000 円

本見積書の有効期限は
平成○○年 × 月 × 日となります。

御見積内訳

区分	種　目	報酬額	郵便物・交通費等	備考
手続代理・旅費等・書類作成・相談料日当	事業計画書作成	150,000 円		
	※交通費等の実費は別途ご請求させて頂きます。			
	小　　　計	① 150,000 円	②	
立替金等				
	小　　　計	③	④	
	合計　①+②+③+④	⑤ 150,000 円		
	消費税　(①+③) × 8/100	⑥ 12,000 円		
	総合計　⑤+⑥	⑦ 162,000 円		
精算	前受金（平成　　年　　月　　日）	⑧		
	精算金⑦-⑧			

【振込先】お振込みは下記口座へお願いします。

銀行名：△△△△信用金庫　□□支店　　　銀行名：△△△△銀行　□□支店
口座No.：普通　○○○○○○○　　　　　　口座No.：普通　○○○○○○○
口座名：×××××　　　　　　　　　　　　口座名：×××××

ために重要です。また、見積もりの有効期限も必ず入れましょう。

なお、最初に提示した見積書に対して、顧客から価格や納期などについて変更の要望があった場合は、検討のうえ、再見積書を提出します。

顧客が見積もり内容に納得し、正式にご注文いただくことになったら、「発注書」を入手してください。こちらが提出した見積書と内容が一致していることを確認できたら、正式に受注したことを示すために「発注請書」を送付します。顧客にもよりますが、「発注請書」の形ではなく、顧客が発行した発注書コピーに、受注済である旨を記載したものでも構いません。

特に、システム開発やデザインに関する仕事では、完成形のイメージの食い違いなどが起こり得ますので、できるだけ具体的に詳細を詰めて、文書化しておきましょう。

商品・サービスの提供が完了したら、「納品書」と「請求書」を発行します。両者を兼ねた書類でも結構です。この書類の発行日が、売掛帳に記帳するタイミングとなります。

通常は、現金払いではなく、一定期間後に指定口座に振り込んでもらうという支払条件が多いと思います。この場合、売上と同時に売掛金が発生しますので、会社として確実に支払いを受けるために売上日別、相手先別に管理する必要があります。図表8-2のような「売掛帳」を作成し、売掛金を管理することをお勧めします。

ついつい、営業活動に力を入れるあまり、受注優先で考えがちですが、売掛金を確実に回収できる相手先かどうか、事前に確認することは非常に重要です。相手先の信用や実績を確認するには、業界での評判を調べる方法や、企業信用調査機関のデータ

ベースをチェックする方法などが考えられます。代表的な信用調査会社としては、帝国データバンク（TDB）や東京商工リサーチ（TSR）などがありますが、小規模な会社は決算データなどを非公開にしていることも多く、提供されている企業情報が必ずしも参考になるとは限りませんので、相手先や周辺からの情報収集をすることが重要となります。

　また請求書を発行する際は、事前に支払条件を明確にしておきましょう。資金繰りに影響する重要なポイントですので、条件設定に際しては、入金を早めるよう努めることが重要です。相手先が提示する支払サイトがあまりに長い場合は、交渉してできるだけ短くすることも必要でしょう。通常は、最初の取引で適用した

図表 8-2 「売掛帳（例）」

売掛帳

日付	相手先		金額		入金日	入金額	売掛残	月合計
	名前	摘要						
H○.×.×	銀座セカンドライフ様	コンサルタント報酬	40,000	現金	H○.×.×	40,000		

支払条件が続くことが多く、後からサイトの短縮を交渉するのは難しいものです。取引前から慎重に対応し、双方が納得できる条件を決めるようにしてください。

　そのほか、日常業務で必要となる書類が「領収書」です。法律上の発行義務があるわけではありませんが、お金を払った側は領収書の交付を請求できることになっています。そのため、お客様から請求されたら、領収書を発行しなければなりません。また、現金や小切手、手形などで代金や費用を受領した際には、領収書を発行するのが通常です。発行する際は、日付、宛先、金額、内訳（例：商品代として）を記入し、5万円以上の場合には収入印紙を貼らなければなりません。図表8-3に例を挙げておきます。市販の物で構いませんが、自社での管理上、複写式の領収書をお勧めします。

図表8-3 「領収書（例）」

```
領 収 証            ●×商事　様    No.

        金額    ￥ 10,000—

但    商品代として
20××年×月×日   上記正に領収いたしました



〒104-0061 東京都中央区銀座7丁目13番5号
           NREG 銀座ビル1階              社判
        銀座セカンドライフ株式会社
```

3 会計・税務の年間スケジュール

次に、事業開始後に行わなければならない会計や税務の手続きをご説明します。

図表8-4に、事業年度が4月1日～翌年3月31日の会社の年間スケジュール例を挙げました。年に1回、決算を行い、それに基づいて法人税を申告・納付します。法人税は、決算日から2ヵ月以内に申告しなければなりませんので、この会社の場合は5月末までに納付することになります。

また、役員報酬や給与などから源泉徴収した所得税は、原則としてその費用を支払った月の翌月10日までに納付することとなっていますが、「源泉所得税の納期の特例の承認に関する申請書」を税務署に提出すると、半年分をまとめて納める方法が適用されます。具体的には、1～6月分は7月10日まで、7～12月分

図表8-4 「会社の年間スケジュール（例）」

※4月1日～翌3月31日が事業年度の会社の場合

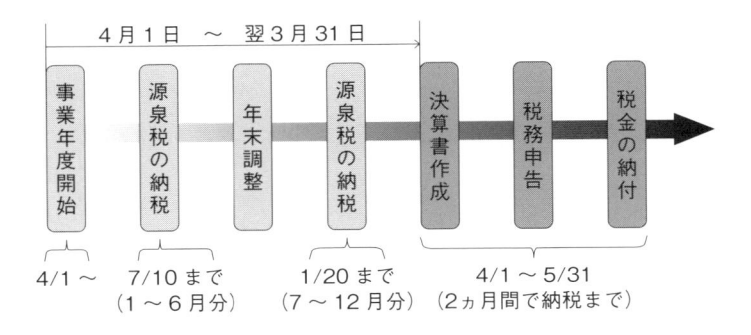

- 事業年度開始：4/1～
- 源泉税の納税：7/10まで（1～6月分）
- 年末調整
- 源泉税の納税：1/20まで（7～12月分）
- 決算書作成／税務申告／税金の納付：4/1～5/31（2ヵ月間で納税まで）

は翌年1月20日までに納税することになっており、この納期の特例によって納税手続きを簡素化できますので、忘れずに申請書を提出してください。

　所得が赤字の場合には法人税は課税されませんが、赤字でも必ず納めなければならないのが法人住民税（均等割）の最低7万円/年です。これは所得に関係なく、法人の規模に応じて、事業所が所在している都道府県と市区町村に支払う税金ですので、ご注意ください。

4 申告方法について

　法人・個人事業主ともに、所得の申告方法には青色申告と白色申告があります。法人の場合は、必ず青色申告を選択してください。それは青色申告によって、次のような税務上のメリットがあるからです。

・青色欠損金を翌年以降9年間、繰り越すことができる
　　赤字が出た場合、その欠損金を9年間繰り越して、将来の所得と相殺できます。
・青色欠損金を前年度に限り、繰り戻すことができる
　　黒字で法人税を納めた年度の翌期に赤字が出た場合、その赤字を前年度分に繰り戻して所得から控除することによって、前年分の法人税の還付を受けられます。
・各種の特別償却や特別控除を受けることができる

条件は、取引を複式簿記によって記録し、総勘定元帳、売上帳、仕入帳などの帳簿類や、貸借対照表と損益計算書を作成することです。これらの書類には、請求書、領収書などの取引証拠書類とともに、7年間の保存義務が生じます。

　記帳や書類作成などの事務負担は増えますが、税務上のメリットを受けられるほか、定められた帳簿をきちんとそろえ、保存することによって、会社の経営管理の強化にもつながります。事業計画を見直したり、事業の成長に応じて金融機関などから資金を調達するためには、自社の損益や財務状況を正確に把握する必要がありますので、管理の基本となる帳簿類の整備が重要になります。

　個人事業主の場合は、白色申告と青色申告（10万円の特別控除と65万円の特別控除の2通り）の選択に悩むところです。しかし、平成26年1月から、これまで記帳・帳簿の保存義務がなかった白色申告（前々年分または前年分の所得が300万円以下）についても、その制度が全員に義務づけられ、10万円の特別控除を得られる青色申告（通称：青10）と条件が同じになりました。そのため、個人事業主の方でも、少なくとも「青10」を選択されたほうが良いでしょう。「青10」の場合は、複式簿記によらずに、簡易的な帳簿による記帳（単式簿記）で適用を受けることができます。

　個人事業主の場合、青色申告を行うことによる税務上のメリットは、次のとおりです。

・赤字を3年間、繰り越すことができる。前年度への赤字の繰り戻しも可能。

・事業主と生計を同じくする配偶者などで、専従としてその事業に従事している人に支払う給与を、必要経費とすることができる（所得から控除できる）。
※このメリットを受けるには、別途「青色事業専従者給与に関する届出書」を税務署に提出する必要があります。

　65万円の特別控除を得られる青色申告の場合は、複式簿記による記帳を行い、損益計算書に加えて、貸借対照表の作成と7年間（一部書類は5年間）の書類保存義務を求められます。事業計画や収支計画に基づいて、事務負担とのバランスも考え、どちらを選択するかを事業開始前に検討しておきましょう。

5　会計・税務の実務とアウトソーシングの考え方

　起業される方で、会計の実務を経験された方は決して多くありませんので、事業開始にあたってどのように会計を行えば良いのか、不安に思われることと思います。ただ現在は、青色申告に対応した会計ソフトも充実していますので、特に詳しい簿記の知識がなくても、経理事務をご自身で行うことはそれほど難しくありません。

　法人の場合、税務申告は税理士に依頼する方が多いですが、日々の記帳業務は、ご自身で会計ソフトを利用するか、記帳代行会社へアウトソースするかの2つの方法が考えられます。

　なお、どの業務にも言えることですが、理解できないからといって外部に丸投げしてしまうことは避けるべきだと思います。

他人任せにしてしまうと、思わぬ間違いやリスクが生じる恐れもあります。すべては無理だとしても、ある程度までは業務内容を把握してからアウトソースすることを考えるのが、会社を経営するうえでは重要でしょう。

　会計業務についても、時間的余裕があれば1年目は、会計ソフトなどを使ってご自身で記帳することをお勧めします。そして2年目以降は、必要に応じてアウトソーシングを検討すると良いと思います。

6 月次損益の計画を立てる

　会計制度上は年に1回、決算を行うことになっていますが、常に自社の経営状態を把握して戦略や計画を早めに見直すことができるように、月次決算をすることをお勧めします。特に、金融機関などから融資を受けている会社や、売上が季節要因で大きく変動する会社では、資金繰りにも影響しかねません。月次決算を行って自社の財務状況を理解しておきましょう。

　5章で、利益計画の立て方をご説明しました。月次ベースの計画を積み上げて年度計画とすることをお話ししましたが、月次計画と月次決算による実績との予実比較も必ず行うようにしましょう。事業を開始したら、毎月の計画と実績との差異の要因、たとえば売上高が計画に達していない場合は客数が足りないのか、客単価が低いのかなどを分析して、対応策を検討することが必要です。

　月次計画は、たとえば図表8-5のように作成します。販売管理

第8章　会計・税務と融資・助成金制度

図表 8-5 「月次損益計算書計画（例）」

損益計算書（P/L）　　　　　　　　　　　　　　　　　　　　　　　　　　　　　　　（単位：円）

	7月度	8月度	9月度	10月度	11月度	12月度	1月度	2月度	3月度	4月度	5月度	6月度	合計
売上高	3,000,000	3,090,000	3,180,000	3,270,000	3,360,000	3,450,000	3,540,000	3,630,000	3,720,000	3,810,000	3,900,000	3,990,000	41,940,000
売上原価	100,000	103,000	106,000	109,000	112,000	115,000	118,000	121,000	124,000	127,000	130,000	133,000	1,398,000
売上総利益	2,900,000	2,987,000	3,074,000	3,161,000	3,248,000	3,335,000	3,422,000	3,509,000	3,596,000	3,683,000	3,770,000	3,857,000	40,542,000
役員報酬	1,000,000	1,000,000	1,000,000	1,000,000	1,000,000	1,000,000	1,000,000	1,000,000	1,000,000	1,000,000	1,000,000	1,000,000	12,000,000
給料手当	300,000	300,000	300,000	300,000	300,000	300,000	300,000	300,000	300,000	300,000	300,000	300,000	3,600,000
法定福利費	50,000	50,000	50,000	50,000	50,000	50,000	50,000	50,000	50,000	50,000	50,000	50,000	600,000
福利厚生費	3,000	3,000	3,000	3,000	3,000	3,000	3,000	3,000	3,000	3,000	3,000	3,000	36,000
外注費	300,000	300,000	300,000	300,000	300,000	300,000	300,000	300,000	300,000	300,000	300,000	300,000	3,600,000
広告宣伝費	300,000	300,000	300,000	300,000	300,000	300,000	300,000	300,000	300,000	300,000	300,000	300,000	3,600,000
接待交際費	50,000	50,000	50,000	50,000	50,000	50,000	50,000	50,000	50,000	50,000	50,000	50,000	600,000
会議費	100,000	100,000	100,000	100,000	100,000	100,000	100,000	100,000	100,000	100,000	100,000	100,000	1,200,000
旅費交通費	25,000	25,000	25,000	25,000	25,000	25,000	25,000	25,000	25,000	25,000	25,000	25,000	300,000
通信費	40,000	40,000	40,000	40,000	40,000	40,000	40,000	40,000	40,000	40,000	40,000	40,000	480,000
消耗品費	120,000	120,000	120,000	120,000	120,000	120,000	120,000	120,000	120,000	120,000	120,000	120,000	1,440,000
水道光熱費	5,000	5,000	5,000	5,000	5,000	5,000	5,000	5,000	5,000	5,000	5,000	5,000	60,000
賃借料	50,000	50,000	50,000	50,000	50,000	50,000	50,000	50,000	50,000	50,000	50,000	50,000	600,000
保険料	100,000	100,000	100,000	100,000	100,000	100,000	100,000	100,000	100,000	100,000	100,000	100,000	1,200,000
租税公課	6,000	6,000	6,000	6,000	6,000	6,000	6,000	6,000	6,000	6,000	6,000	6,000	72,000
雑費	15,000	15,000	15,000	15,000	15,000	15,000	15,000	15,000	15,000	15,000	15,000	15,000	180,000
一般管理費計	2,464,000	2,464,000	2,464,000	2,464,000	2,464,000	2,464,000	2,464,000	2,464,000	2,464,000	2,464,000	2,464,000	2,464,000	29,568,000
営業損益金額	436,000	523,000	610,000	697,000	784,000	871,000	958,000	1,045,000	1,132,000	1,219,000	1,306,000	1,393,000	10,974,000
営業外収益	1,200	1,200	1,200	1,200	1,200	1,200	1,200	1,200	1,200	1,200	1,200	1,200	14,400
営業外費用	30,000	30,000	30,000	30,000	30,000	30,000	30,000	30,000	30,000	30,000	30,000	30,000	360,000
経常損益金額	407,200	494,200	581,200	668,200	755,200	842,200	929,200	1,016,200	1,103,200	1,190,200	1,277,200	1,364,200	10,628,400
税引前当期純損益金	407,200	494,200	581,200	668,200	755,200	842,200	929,200	1,016,200	1,103,200	1,190,200	1,277,200	1,364,200	10,628,400
法人税等	162,880	197,680	232,480	267,280	302,080	336,880	371,680	406,480	441,280	476,080	510,880	545,680	4,251,360
当期純利益	244,320	296,520	348,720	400,920	453,120	505,320	557,520	609,720	661,920	714,120	766,320	818,520	6,377,040
損益分岐点	2,464,000	2,464,000	2,464,000	2,464,000	2,464,000	2,464,000	2,464,000	2,464,000	2,464,000	2,464,000	2,464,000	2,464,000	29,568,000

費の科目は、自社に合わせて適宜、変更してください。

　月次計画と実績の比較は、図表8-6のような項目別の表を埋めていくと良いでしょう。各月の単月実績とその月までの累計実績を記入し、目標値と対比させることで、どの項目に問題があるのかをひと目で把握できるようになります。

　このような予実比較と分析は当然、毎月行う必要があります。実績を把握するためにも、できるだけ早く月次決算を行いましょう。翌月10日までに損益計算書と貸借対照表を作成するのが理想です。

　以上のように、月次決算を行い、計画との差異を項目ごとに分

図表 8-6 「予実比較表（例）」

項目	区分	月		月		月		月		月		月		月		月		月		月		月		月		月	
		当月	累計	当月	累計	当月	累計	当月	累計	当月	累計	当月	累計	当月	累計	当月	累計	当月	累計	当月	累計	当月	累計	当月	累計
売上高	目標																								
	実績																								
仕入	目標																								
	実績																								
粗利益	目標																								
	実績																								
人件費	目標																								
	実績																								
経費	目標																								
	実績																								
販促費	目標																								
	実績																								
減価償却費	目標																								
	実績																								
計	目標																								
	実績																								
営業利益	目標																								
	実績																								
経常利益	目標																								
	実績																								

析しながら対策を講じ、事業の方向性を修正していきましょう。予実比較と分析を続けることによって、自社の事業の強みや弱みを把握でき、見直しを加えつつ、事業をブラッシュアップしていけると思います。

　ある程度、事業が安定してきたら、図表 8-7 のような実績の推移表・グラフを作ってみましょう。対象は、売上と粗利だけで十分です。例では、3 年分の売上と粗利の推移を表しています。このように中期的な実績の年度比較を行うと、全体的に成長しているのか、横ばいなのか、季節的に売上が大きく変動するのはいつ頃なのか、といった情報が得られ、取り組むべき課題が明確になります。

第8章　会計・税務と融資・助成金制度

図表 8-7　「総売上表・粗利表（例）」

総売上表　　　　　　　　　　　　　　　　　　　　　　　　　（単位：万円）

	5月	6月	7月	8月	9月	10月	11月	12月	1月	2月	3月	4月
40期	3,530	3,529	3,533	3,547	3,547	3,567	3,580	3,535	3,610	3,598	3,574	3,574
41期	3,483	3,461	3,379	3,332	3,332	3,276	3,226	3,185	3,047	3,032	3,039	2,998
42期	2,942	2,950	2,952	2,955	2,955	2,988	3,028	3,012	3,008	2,998	2,979	2,935

粗利表

	5月	6月	7月	8月	9月	10月	11月	12月	1月	2月	3月	4月
40期	1,935	1,926	1,929	1,930	1,937	1,944	1,950	1,933	2,010	2,024	2,027	2,028
41期	1,992	2,002	1,989	2,001	1,988	1,977	1,962	1,965	1,864	1,856	1,870	1,860
42期	1,845	1,854	1,848	1,855	1,857	1,895	1,936	1,946	1,960	1,971	1,942	1,931

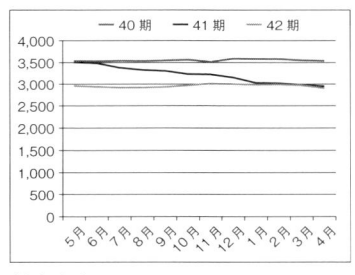

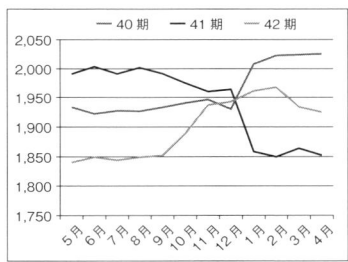

総売上表　　　　　　　　　　粗利表

7　月次収支計画を立てる

　ここまでは、主に損益計画に関してご説明しましたが、それとともに重要なポイントが、資金繰りの計画を立てることです。売上が上がっていて損益もプラスなのに、仕入代金や税金を支払えず、「黒字倒産」する会社があります。これは、損益計算書上の利益と手元にある現預金とは別物だからです。

　損益と同様、資金の収支も、月次ベースで正確に管理しなければなりません。損益計画と入金・支払条件を加味して、図表8-8のような資金収支計画を作成しましょう。

図表 8-8 「資金収支計画（例）」

収支計画 (単位：千円)

		1月	2月	3月	4月	5月	6月	7月	8月	9月	10月	11月	12月	合計
収入	繰越高	3,000	1,790	1,765	1,720	1,855	1,965	2,085	2,355	2,625	2,865	3,255	3,640	
	売上高	70	300	300	450	450	450	600	600	600	750	750	800	6,120
	合計	3,070	2,090	2,065	2,170	2,305	2,415	2,685	2,955	3,225	3,615	4,005	4,440	
支出	役員報酬	100	100	100	100	100	100	100	100	100	100	100	100	1,200
	賃料	55	55	55	55	55	55	55	55	55	55	55	55	660
	交通費	15	15	15	15	20	20	20	20	20	20	25	25	230
	通信費	20	20	20	20	20	20	20	20	20	20	20	20	240
	広告宣伝費		40	60	60	60	70	70	70	100	100	100	100	830
	研修費	50	40	40	10	30	10	10	10	10	10	10	10	240
	外注費	50	50	50	50	50	50	50	50	50	50	50	50	
	水道光熱費	5	5	5	5	5	5	5	5	5	5	5	5	
	設備投資	985												1,645
	合計	1,280	325	345	315	340	330	330	330	360	360	365	365	5,045
	翌月への繰越	1,790	1,765	1,720	1,855	1,965	2,085	2,355	2,625	2,865	3,255	3,640	4,075	

　収支計画表は、大きく「収入」と「支出」に分けられ、支出は仕入代金の支払（この表にはありません）や諸経費の支出を個別に把握します。収入は主に売上ですが、これは損益計算書上の売上高ではなく、その月の売掛金の回収額であることにご注意ください。

　前月からの資金繰越高に収入合計を足し、支出の合計を差し引いた結果が翌月への繰越であり、当月末の現預金残高です。ここがマイナスの場合は、資金不足に陥って事業が回らなくなるということですので、事前に売掛金回収や支出額を見直すほか、場合によっては融資などで資金調達を行う必要もあります。外部からの資金調達には時間がかかり、融資が認められない場合もありますので、収支計画はできるだけ早めに立てておくことをお勧めします。また、計画どおりにいかないことも多々ありますので、資金繰りは最悪のパターンも作成しておくと良いでしょう。

8 役員報酬の決め方

　法人としてご自身に支払う給料は、役員報酬といいます。役員報酬をいくらにするかは皆さん、悩むところです。役員報酬を税金上課税されないようにするには、原則として月ごとの変更はできず、1年間定額にする必要があります（期首3ヵ月間は、変更可能なケースもあり）。

　役員報酬は、年間の損益計画から導き出される利益の範囲内の額であることが前提です。年間でかかる経費をすべて洗い出して、最低限必要な売上高と売上見込みを計算し、見込まれる利益などを算出して報酬額を検討します。また、ご自身の生活費をまかなえる額や、社長として経営を行うモチベーションを維持するだけの、職務内容に見合った額であることもポイントです。とは言え、あまり高くしてしまうと、計画どおりに売上が上がらない場合には未払いとなりかねませんので、売上が安定するまでは低めにしておくことをお勧めします。

9 起業・創業資金の調達―融資・助成金

　ここでは、起業の準備資金や運転資金を集める手段として、公的な助成金や融資についてご説明します。国や自治体、政府系金融機関などの制度を上手に活用しましょう。

　まず、融資制度と助成金制度の違いをご説明します。両者の性格の違いを理解し、事情に応じて使い分けることが大切です。

公的な融資は、起業する人にとって優遇措置が多く、低金利で借りやすい制度となっています。しかし、返済しなければならない借金である点は民間金融機関の融資と同じです。事業計画に基づく資金繰りを十分に吟味し、必要な額だけを借りるようにしましょう。創業に関する公的な融資制度としては、日本政策金融公庫の「新創業融資制度」や地方自治体の「商工業融資制度」があります。

　一方の助成金は、返済不要の資金です。ただし、誰でも受けられるわけではなく、それぞれの機関が定める要件を満たす必要があります。助成金制度は、種類も数も非常に多く、制度の改廃が多いため、利用する際には募集内容を確認するなど、注意が必要です。

　最初に、起業家や創業間もない人にとって有益な融資制度をご紹介します。無担保・無保証人で利用できる、日本政策金融公庫の「新創業融資制度」の場合、平成26年2月現在の利用要件は下記のとおりです。

【新創業融資制度の要件】
次の1～3のすべての要件に該当する方
1. 創業の要件
　新たに事業を始める方、または事業開始後税務申告を2期終えていない方
2. 雇用創出、経済活性化、勤務経験または修得技能の要件（次のいずれかに該当する方）
　（1）雇用の創出を伴う事業を始める方
　（2）技術やサービス等に工夫を加え、多様なニーズに対応する

事業を始める方
(3) 現在お勤めの企業と同じ業種の事業を始める方で、次のいずれかに該当する方
  (ア) 現在の企業に継続して 6 年以上お勤めの方
  (イ) 現在の企業と同じ業種に通算して 6 年以上お勤めの方
(4) 大学等で修得した技能等と密接に関連した職種に継続して 2 年以上お勤めの方で、その職種と密接に関連した業種の事業を始める方
(5) 既に事業を始めている場合は、事業開始時に (1)〜(4) のいずれかに該当した方

3. 自己資金の要件

事業開始前、または事業開始後で税務申告を終えていない場合は、創業時において創業資金総額の 10 分の 1 以上の自己資金（注）を確認できる方

(注) 事業に使用される予定のない資金は、本要件における自己資金には含まれず

融資限度額
3,000 万円（うち運転資金 1,500 万円）

また、55 歳以上のシニア起業家については、「女性、若者／シニア起業家支援資金（新企業育成貸付）」制度があり、融資限度額や利率の点で優遇されています。

もう 1 つ、地方自治体の商工業融資でも、創業関連の貸付制度が用意されています。東京都の場合は「創業融資」制度、大阪府の場合は「開業サポート資金」制度です。他の自治体にも同様の制度があり、各自治体によって融資条件・内容が異なりますの

図表 8-9 「地方自治体の商工業融資制度」

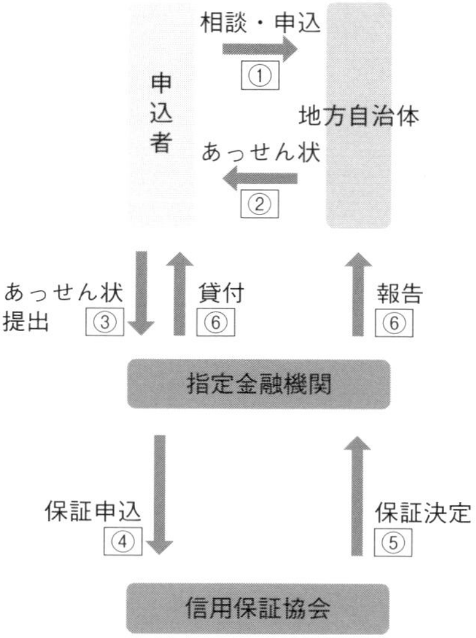

```
             相談・申込
               ①
  申        ←―――――
  込              地方自治体
  者        あっせん状
               ②
           ←―――――

あっせん状   貸付        報告
提出 ③      ⑥          ⑥
   ↓       ↑          ↑
      指定金融機関

      ↓          ↑
   保証申込    保証決定
     ④         ⑤

      信用保証協会
```

で、事業所を置く自治体の産業振興関連部署にお問い合わせください。

　自治体の商工業融資は、信用保証協会の保証を受けて、指定された民間の金融機関が貸付を行う「あっせん融資制度」の形式をとっているのが特徴です（図表8-9）。融資を受ける場合には、借入金の利息のほかに保証料を支払う必要があります。

10　公的融資の申請方法と注意点

　次に、日本政策金融公庫の新創業融資制度を例に、申請の手続

きや審査にあたっての注意点をご説明します。

　申請に必要な書類は、所定の「借入申込書」と「創業計画書」、設備資金の申込みの場合はその見積書、法人の場合は登記簿謄本などです。5章でご説明した「事業計画書」（資金繰り表を含む）も準備すると、より高評価につながります。融資の対象となる資金使途は、設備資金と運転資金3ヵ月分ですが、具体的な使い道を明確にする必要があります。ランニングコストも、その内訳や使途を論理的に説明できないと、融資を認めてもらうのは困難です。

　返済可能性は、もっとも重要な審査ポイントです。事業計画書の利益計画と資金繰り表の整合性がとれており、融資の申込額が返済可能な範囲であることを示す必要があります。自己資金についても、起業に備えてきちんと貯めてきたことを示せれば、事業に対する熱意の高さと堅実さを評価されるでしょう。起業を決めた時点から、お金の使い方や計画的な準備など、金融機関の目線を意識しておくことが重要です。

　日本政策金融公庫の支店に書類を提出し、正式に融資を申し込むと、その後に担当者との面談が行われます。決算書などの実績はまだありませんから、担当者は事業の成否はもちろん、経営者の人柄や資質、経営方針などを見極めようとしてきます。事業計画の説明を通して、起業の動機やこれまでの業務経験、事業への熱意や堅実さ、数値面での管理能力など、あらゆる面から人物像と事業計画の妥当性を判断されますので、事業計画書をすべて口頭で説明できるくらいまでに練り上げてください。

　創業融資に限らず、借入を検討する際は、助成金支給までのつなぎ資金として借りるなど、助成金との併用が望ましいです。そ

の場合は、助成金の申請が採択されてから融資を申し込むようにしましょう。

11 助成金制度の概要と活用法・注意点

ここからは助成金についてご説明します。助成金とは、起業家や中小企業が利用できる制度で、要件を満たした場合に、国や地方公共団体、その他公的機関などから支援として受ける返済不要の資金です。助成金の代表的な活用方法としては、次のようなケースが考えられます。

・創業するとき、新分野や異業種に進出するとき
・新たに従業員を雇い入れるとき
・雇用の維持
・従業員の能力開発
・販路の開拓

助成金を上手に活用することで、会社設立費用やオフィスの賃借料、会社のパンフレットやホームページの作成費用などを抑えられるため、個人事業主や中小企業にとっては非常にメリットの大きい制度です。しかし、税金から支給される以上、誰でも受けられるわけではなく、さまざまな要件や制限がありますので、利用にあたってはしっかりと情報収集を行い、内容を理解することが重要です。

助成金を活用するにあたって押さえておくべき注意点は、次の

第8章 会計・税務と融資・助成金制度

とおりです。

・経費を支出した後に助成金を受け取る「後払い」であること
・支出した経費の全額が支給されるわけではないこと（「助成率」と「助成限度額」がある）
・助成金の申請には書類作成と審査があること
・経費を支出する前に助成金を申請する必要があること
・申請から助成金受給までの流れに注意すること（申請可能なタイミングが規定されている）

　助成金申請の流れについて、申請と経費支出などのタイミングは詳細に決まっています。以下、2つの助成金を例にご説明します（図表8-10）。
　まずは、東京都の地域資源活用や課題解決型の事業を支援する

図表8-10 「助成金申請の流れ」

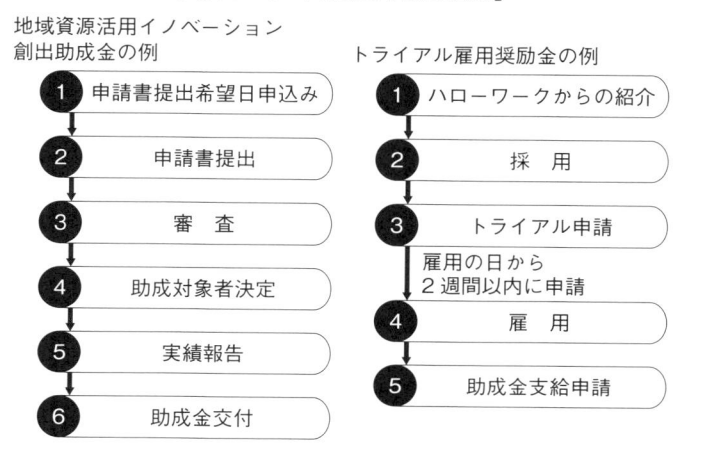

地域資源活用イノベーション
創出助成金の例

1. 申請書提出希望日申込み
2. 申請書提出
3. 審査
4. 助成対象者決定
5. 実績報告
6. 助成金交付

トライアル雇用奨励金の例

1. ハローワークからの紹介
2. 採用
3. トライアル申請

雇用の日から2週間以内に申請

4. 雇用
5. 助成金支給申請

「地域資源活用イノベーション創出助成金」を見てみましょう。助成金の対象となる経費や設備などは、「4. 助成対象者決定」以降に契約、取得、支出したものに限定されます。それ以前に支払ったものは助成の対象とはならないため、注意が必要です。実績報告を行い、検査を受けて初めて、助成金を受けられます（後払い）。

　次に、厚生労働省の「トライアル雇用奨励金」の場合は、ハローワークから人材の紹介を受けて採用（3ヵ月有期雇用）し、2週間以内にトライアル雇用実施計画書を提出（「3. トライアル申請」）することになっています。どちらにも共通して言えることですが、申請のタイミングが1日でも遅れると、助成対象にはなりません。

　このように、助成金の申請時期や対象となる期間は決まっていることが多いため、手続きや対象となる経費には注意しましょう。

　助成金に関する重要な用語に、「助成限度額」と「助成率」、「助成対象期間」、「助成対象経費」というものがあります。

【助成限度額と助成率】
　助成限度額とは、助成金支払いの最大額のことで、助成率とは、支出した経費のうち助成金を支払う比率のことです。申請した事業で支出した経費（図表8-11の投資額）に助成率をかけた額が助成される額になります。

　例に挙げた「助成限度額100万円、助成率2/3」という助成金の場合、支出した経費の2/3が助成対象ですが、100万円で頭打ちになってしまいます。経費が100万円の場合は、2/3の66万

第8章　会計・税務と融資・助成金制度

図表 8-11　「助成金に関する重要な用語」

（例）助成限度額 100 万円で助成率 2／3 の場合

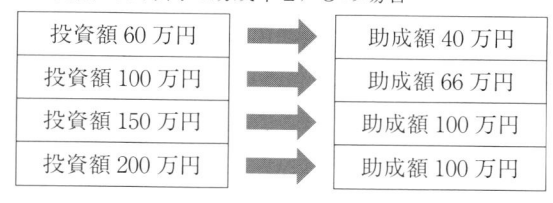

投資額 60 万円	➡	助成額 40 万円
投資額 100 万円	➡	助成額 66 万円
投資額 150 万円	➡	助成額 100 万円
投資額 200 万円	➡	助成額 100 万円

円が助成金として支給されますが、200 万円を使ってしまった場合、2/3 は 133 万円ですので、上限の 100 万円までしか交付されない点にご注意ください。

【助成対象期間と助成対象経費】

　助成対象期間とは、助成金申請書類の受付期間とは別で、助成対象となるビジネスを行う期間のことです。助成金決定の前に支出した経費は認められないケースも多いので注意しましょう。

　また、助成対象経費とは、助成対象事業の経費のうち、助成金計算の対象となる経費のことです。従業員への給与（雇用関連の助成金を除く）や、設備投資などの費用は認められないケースも多いので注意が必要です。つまり、助成金支給の対象となる事業の実施期間も定められていますし、すべての経費が認められるわけでもありません。助成金申請を検討する際は、実施する公的機関のホームページや窓口で詳細を確認するようにしてください。

12　助成金を探す方法

　助成金制度は、国や地方自治体、独立行政法人をはじめとする

公的機関などが主体となり、さまざまなものが存在しています。とても1冊の本で網羅しきれる量、範囲ではありません。

では、そのような中でご自身に合った助成金を探すには、どのような方法があるのでしょうか。1つは、官庁や自治体のホームページをチェックすることです。助成金の交付元には、代表的なものだけでも図表8-12に挙げたような各種機関があります。

業種にもよりますが、政府機関では経済産業省（中小企業庁）、厚生労働省、農林水産省など、独立行政法人ではJETRO（日本貿易振興機構）、NEDO（新エネルギー・産業技術総合開発機構）などが主要な助成金制度を持っています。ここでは東京都の例を挙げていますが、各道府県や市区町村もそれぞれ独自の助成金制度を運営していますので、これらのホームページで詳細を知ることができます。ある程度のあたりをつけて、それぞれの役所で関係しそうなパンフレットをもらってくるという手もあります。

図表8-12 「助成金の交付元」

政府	東京都		市区町村
・経済産業省 ・中小企業庁 ・国土交通省 ・観光庁 ・農林水産省 ・厚生労働省 ・総務省　　など	・産業労働局 ・東京都中小企業振興公社　　など		
	独立行政法人		
	・JETRO ・NEDO　　など		
民間	・新技術開発財団　　など		

第8章　会計・税務と融資・助成金制度

図表 8-13　「中小企業施策利用ガイドブック」

　助成金採択の難易度は、一般的に助成額の大きい政府系のものは、申請書類が多岐にわたり、応募倍率も高いため、難度が高くなっています。市区町村レベルのものはその逆で、助成額が少なくなる代わりに応募倍率も低く、申請書類や難度がやや低くなる傾向にあります。

　中小企業庁関連では毎年、「中小企業施策利用ガイドブック」（図表8-13）を刊行しています。このガイドブックでは、利用者のニーズに合わせて利用できる施策を支援制度別で探すことができます。中小企業振興公社や商工会議所、商工会に置いてあるほか、中小企業庁のホームページからも入手できます。

13　インターネットで助成金を検索する

　主要な話題になっているような施策は、これまでに挙げた方法

でも比較的簡単に探せますが、地方自治体で個別に行っている助成金事業を探すには、やはりインターネット検索が効果的です。

　検索方法ですが、「販促　助成金」など漠然としたキーワードでは、ニーズにぴったり合った助成金は見つけにくいと思います。もう少し具体的に範囲を狭めて、「チラシ　助成金」、「ホームページ　助成金」などと言い換え、さらに地名も入れると、お求めの情報がヒットしやすいでしょう。

　このように、さまざまなキーワードで検索していくと、知らなかった助成金がたくさん出てきて、知識も増えていきます。事業を興す、事務所を借りる、ホームページを立ち上げる、従業員を雇用するなど、事業の節目で使える助成金がないか、一度調べてみてはいかがでしょうか。

　なお、中小企業基盤整備機構が運営する中小企業ビジネス支援サイト「J-Net21」の「資金調達ナビ」(http://j-net21.smrj.go.jp/raise/index.html)では、さまざまな条件を入力することで、関係しそうな助成金を見つけることができます。

14　助成金に応募する

　自社にも応募できそうな助成金が見つかったら、申請に向けて準備を進めるわけですが、その際は、ご自身の事業を助成金制度が求めている切り口で説明する必要があります。

　当社も、「東京都地域中小企業応援ファンド」という助成金を利用したことがあります。「地域の魅力向上や課題解決に取り組む意欲とアイデアに溢れた中小企業者等のビジネスプランに対し

第8章　会計・税務と融資・助成金制度

て助成金を交付する」という目的は一見、当社のレンタルオフィス事業とは無関係に思えますが、「シニア起業を通して高齢化社会の課題を解決する事業」という切り口で応募したところ、採択されました（図表8-14）。

この事業は、助成限度額が800万円で助成率が1/2ですので、最大で1,600万円の経費を支出した場合、800万円が助成されます。具体的には内装工事費、賃借料、広告宣伝費などが助成対象となりました。

初めから「関係がなさそう…」、「ハードルが高すぎる…」などとあきらめるのではなく、ご自身の事業を助成金制度が求めている切り口で説明できないか、ご検討いただきたいと思います。

図表8-14　「銀座セカンドライフ株式会社が採択」

弊社のレンタルオフィス事業が東京都中小企業振興公社の『東京都地域中小企業応援ファンド』助成対象事業として、採択されました。

銀座セカンドライフ（株）【中央区】	●事業テーマ 　シニア向けサロンによるシニアの活性化支援 　（都市課題解決型ビジネス） ●内容 　シニアの経験、知識、人的ネットワークを活用し、東京の経済活性化、シニアの孤独化防止を図るとともに、起業を生み出し、シニアをはじめ、若年層の雇用拡大と医療費の削減につなげる。 　「10年後の東京」に示された東京の超高齢化社会を支える活動として、東京都民、特にシニアに対しスクール事業（講座の開講）やシェアオフィス事業（事業用スペースの提供）を展開。シニア一人ひとりが生きがいを見つけ、地域・社会とのコミュニケーションをとることが、諸課題解決の有効な手段となる。 ●　URL：http://entre-salon.com/

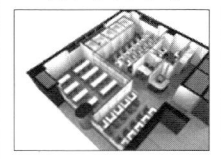

「動画配信事業を立ち上げ
　助成金で費用を軽減」

　　　株式会社デジタルキッズ
　　　代表取締役

　　　畑迫 勉 さん（57歳）

　私は印刷会社に勤務し、おもに営業畑を歩んできました。世の中のデジタル化が進行する中、今後は「印刷関連およびメディアの広報はデジタル化の時代だ」と思い、意を決して独立することを決めました。

　私自身は営業を行い、社員1人を雇って技術的な部分を担当してもらうつもりでいたのですが、片桐さんに事業計画を相談したところ、「固定費負担が重くなるので、人の採用は控えたほうがよいのではないか」とアドバイスを受けました。とは言え、事業を行ううえでPCおよびITに関する技術は不可欠でしたので、片桐さんから「返済しなくてよい助成金制度があるので、それを利用したらどうか」とのアドバイスを受け、技術者を雇い入れて会社をスタートさせることができました。おかげ様で、当初の負担を軽減することができました。また、デジタル事業特有のリスクがあることから、契約書をきちんと作成して締結するよう、アドバイスもいただきました。

　事業開始当初は厳しい状況でしたが、飛び込みの営業をかけ続けるうちに、固定客も少しずつ増えていきました。また営業をする中で、動画配信ニーズの高まりを感じたため、ライブストリーミングなどの動画配信事業にも力を入れ始めました。現在は、銀座セカンドライフの交流会の動画配信も行っています。

Chapter 9

販路開拓・集客

最終章となる本章では、売上を継続的に上げ、事業を安定させるために重要な販路開拓、集客について、具体的にご説明します。

1　集客のためのホームページ活用法

　6章で、マーケティング活動の手段としてホームページの作成をお勧めしました。重要なのは作成した後、見込み客を集めるという本来の目的を達成するために、どのように運用するかです。

　ホームページは、自社の商品の品揃えやサービスメニューを提示するとともに、ここで買うとどのようなメリットがあるのかをお客様に伝える役割を果たすもので、その意味ではお店と同じとお考えください。実際のお店では、商品を手に取ってもらいやすいように、また店内をくまなく周っていただけるように、わかりやすく見た目もきれいな陳列を心がけると思います。来店したお客様は、店舗の外観や看板も含め、商品陳列や照明などから、ご自身の求める商品やサービスを得られるお店かどうかを見極めています。ホームページもまったく同様で、レイアウトやデザイン、色使いの良し悪しはもちろん、求める情報が入手できるページなのかどうか、お客様は短時間で判断します。

　したがって、ホームページの内容や構成要素といったいわゆる「コンテンツ」が大きな意味を持つことになります。図表9-1のように、ホームページを訪れたお客様は、実際の店舗での買い物と同様に、商品・サービスのラインナップを見て興味を持ち、価格や購入者の声などの情報から購買意欲を喚起されるというプロ

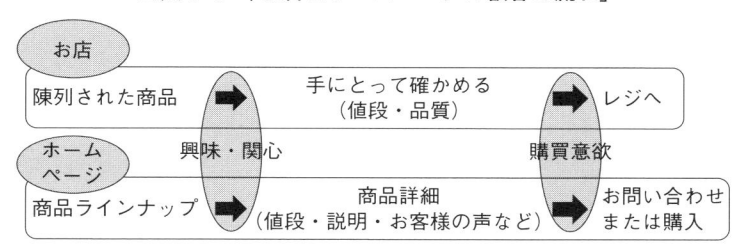

図表 9-1 「お店とホームページの顧客の流れ」

お店			
陳列された商品	➡	手にとって確かめる（値段・品質）	➡ レジへ
ホームページ	興味・関心		購買意欲
商品ラインナップ	➡	商品詳細（値段・説明・お客様の声など）	➡ お問い合わせまたは購入

セスをたどって、お問い合わせや購入に至ります。

　買っていただくお客様の目線で、どのような情報がどのように目に入ると興味をひかれ、もっと詳しい内容を知りたいと他のページも見てくれるのか、コンテンツのシナリオを考えましょう。また、競合他社のホームページを確認し、コンテンツがどのような内容、構成なのかを参考にすることも必要です。

2 ランディングページの作成

　商品・サービスが複数ある場合は、それぞれについてホームページを分けておくことをお勧めします。Google・Yahoo! などで検索した結果やインターネット広告をクリックすると、最初に表示されるページを「ランディングページ」といいますが、商品・サービスごとにホームページを分けておくと、検索したときのキーワードに合った商品やサービスのランディングページが表示され、見込み客が目当ての商品やサービスにたどりつきやすくなります。

商品・サービスごとにホームページが分かれていない場合、あるサービスを検索して自社のホームページへ訪れた人は、欲しい商品・サービスを簡単に見つけることができず、あきらめて他社のホームページに移ってしまう恐れがあります。お店にたとえると、入口までは来たものの、陳列が整理されておらず、商品が見つけられそうにないため、立ち去って他の店に行ってしまう、という状況です。

　当社は、レンタルオフィス事業、起業家交流会事業、起業相談・起業事務サポートの３つのサービスを行っていますが、それぞれのサービスに対応した３つのホームページを作成しています。レンタルオフィスの「アントレサロン」、セミナー・交流会の「アントレサロンセミナー・交流会」、会社としての「銀座セカンドライフ」の３種類で、「アントレサロン」と「サロンセミナー・交流会」のページはそれぞれの事業に特化した内容としています。「銀座セカンドライフ」のホームページは、会社概要と３つの事業の説明で構成されています。

銀座セカンドライフ【会社サイト】　http://ginzasecondlife.co.jp/
レンタルオフィス【アントレサロン】　http://entre-salon.com/
セミナー・交流会【アントレサロンセミナー・交流会】
　　http://ginza-entre.com/

　たとえば、検索キーワードとして「銀座　レンタルオフィス」と入力すると、当社の「アントレサロン」のホームページが、「銀座　起業家交流会」と入力すると「アントレサロンセミナー・交流会」のホームページが、それぞれの検索結果のトップに表示されます。「銀座セカンドライフ」のホームページだけですとお

そらく、結果に表示はされても、レンタルオフィス運営や交流会を行っている会社とは理解されにくいでしょう。

このように、自社の商品・サービスごとに分けてランディングページを用意しておくと、ホームページへの訪問者が増え、集客につなげるやすくなるのです。

3 ご自身でできるSEO対策

自社のホームページを多くのお客様に見ていただくために、もう少し具体的な方策をご説明します。

ホームページへのアクセス数を増やすには、自社のホームページがGoogleやYahoo!の検索結果の上位に表示されることが必要です。そのような工夫は、「SEO」(Search Engine Optimization：検索エンジンの最適化) 対策と呼ばれています。皆さんもインターネットで調べる際、検索エンジンにキーワードを入力して、表示されるページを上から見ていくことが多いと思います。つまり、検索エンジンの利用者の目につきやすくすることで、自社のホームページへの訪問者が増えることになり、結果としてお問い合わせが増えて売上につながっていくわけです。

それでは、SEO対策はどのように講じれば良いのでしょうか。SEOの効果を上げるための考え方を、図表9-2に示しました。

SEO対策は、大きく内部要因と外部要因の対策に分けられます。内部対策とは検索エンジンに効率良く、高く評価されるサイトの作り方をすることで、外部対策とは自社と関連性があり、評価の高い他のウェブサイトから、自社のサイトにリンクしてもら

図表 9-2 「SEO の効果を上げる考え方」

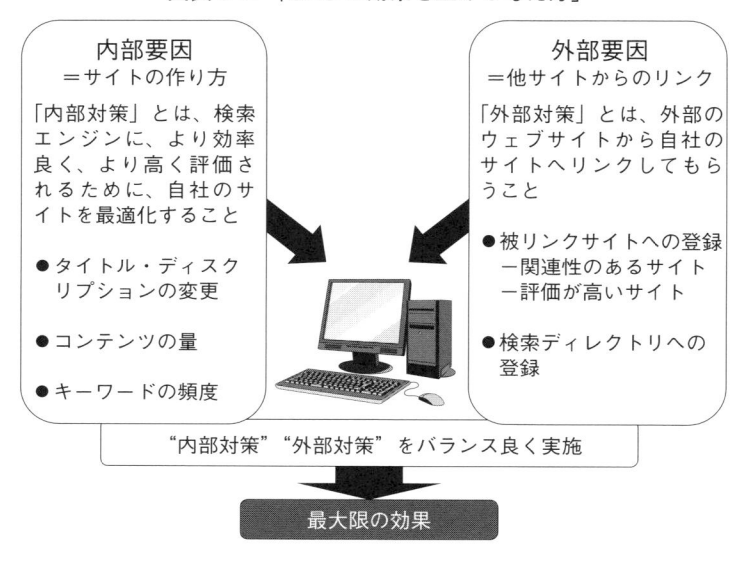

内部要因
＝サイトの作り方

「内部対策」とは、検索エンジンに、より効率良く、より高く評価されるために、自社のサイトを最適化すること

- タイトル・ディスクリプションの変更
- コンテンツの量
- キーワードの頻度

外部要因
＝他サイトからのリンク

「外部対策」とは、外部のウェブサイトから自社のサイトへリンクしてもらうこと

- 被リンクサイトへの登録
  - 関連性のあるサイト
  - 評価が高いサイト
- 検索ディレクトリへの登録

"内部対策" "外部対策" をバランス良く実施

→ 最大限の効果

うこと（被リンク）です。

Google などの検索エンジンは、公開されているウェブサイトを巡回（クロール）して情報を収集し、検索結果に反映する仕組みになっています。読み取った各サイトの情報の評価基準やロジックにはさまざまな要素がありますが、本質的には「ユーザーにとって満足度の高い、有益な情報を提供しているウェブサイト」を高く評価し、検索結果の上位に表示します。

そこで重要なのは、コンテンツを作る際に検索結果で上位に上げたいキーワードを決め、そのキーワードをページの文章中に適切に散りばめることです。「キーワードを詰め込めば良い」と誤解しがちですが、数が多すぎると SEO 対策としては逆効果にな

図表 9-3 「インターネットで『銀座　レンタルオフィス』と検索したときの表示画面」

東京銀座横浜のレンタルオフィス、バーチャルオフィス｜アントレサロン	タイトル
entre-salon.com/ ▼ 東京日本橋、銀座、横浜のレンタルオフィス・バーチャルオフィス「アントレサロン」。レンタルオフィスのプランは、バーチャルオフィス3800円、フリーデスク9505円、個室50000円。初期費用0円。東京駅3分。銀座駅5分。横浜駅4分。登記可。電話代行、貸会議室…	ディスクリプション

　ります。適切な量は、文章中の3％くらいです。たとえば、「レンタルオフィス　銀座」で検索されたときに、自社サイトを上位に表示させたい方は、そのホームページ上で、「レンタルオフィス」、「銀座」という単語を、文章全体の3％くらい使うと良いということです。

　特に、タイトルとディスクリプションにキーワードを入れることは、SEOの必須条件です。タイトルとは検索結果に表示されるサイトの見出しで、ディスクリプションとは見出しの下に表示されるサイトの説明や要約にあたります（図表9-3参照）。ユーザーは見出しと説明を見て、そのサイトを読むかどうかを判断しますので、内部対策として非常に重要なポイントとなります。複数ページで構成されるサイトの場合は、ユーザーの利便性を考え、ページごとにそれぞれの内容を的確に表すタイトルをつけると良いでしょう。

　キーワードの選定は、慎重に行ってください。自社の商品・サービスが、消費者のどのような問題や悩みを解決できるのかという視点で、ユーザーが検索する際に思い浮かべそうな言葉を選ぶことが重要です。また、「起業」という単語をキーワード候補とした場合、意味が似ている他の単語（「創業」、「独立開業」など）を類義語辞典で調べ、複数の候補を用意するのも1つの手で

しょう。

　たとえばGoogleで、「起業　シニア」というキーワードで検索すると、検索結果のトップに「銀座セカンドライフ」のホームページが表示されます。自社を選んでくれそうな見込み客がどのような情報を欲しがっているのかを考え、キーワードを設定することが重要です。また、そのような視点でコンテンツを作成すれば、ユーザーの期待に応える質の高い情報を提供でき、高い評価を得られて、検索結果の上位に表示されるでしょう。

　キーワード設定の際の注意点は、その言葉に関連するホームページが多いキーワードを選ぶと、競合するホームページが多すぎて、検索結果の上位に表示されにくくなることです。一方で、ユーザーが検索の際によく使う言葉は、アクセスが見込みやすい（ヒットしやすい）キーワードです。したがって、競合性が低く、検索数の多いキーワードを選ぶことが、内部対策の重要なポイントの1つとなります。

　この競合性と検索数を調べるツールとしては、Googleの「キーワードプランナー」（以前のグーグルキーワードツール）が便利です。使いたいキーワードの競合性が「高・中・低」の3段階でわかるほか、月間検索数も把握できますので、キーワード選定の際には必ずチェックしてみてください。ただし、キーワードプランナーの利用には、インターネット広告サービスのGoogle Adwordsのアカウントを持っている必要があります（広告利用の必要はありません）。

　さらに、SEOを効果的に実現するには、内部対策だけでは十分ではありません。検索エンジンは、外部サイトから自社のサイトにリンクしてもらう被リンクも評価の対象としています。それ

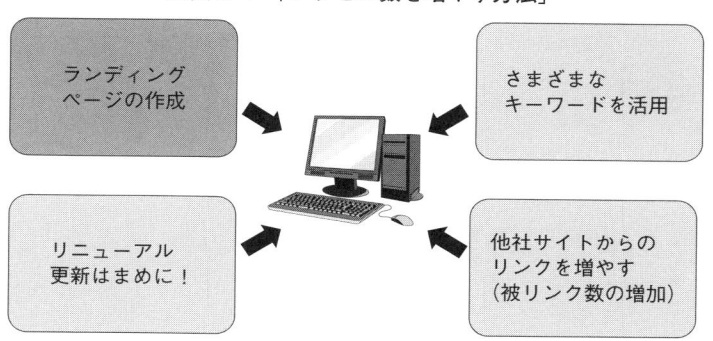

図表9-4 「アクセス数を増やす方法」

- ランディングページの作成
- さまざまなキーワードを活用
- リニューアル更新はまめに！
- 他社サイトからのリンクを増やす（被リンク数の増加）

は、被リンクの多さがサイトのブランドや信頼性を高めるものと考えられているからです。ただし、数が多ければ良いというわけではなく、自社と関連性があり、なおかつ評価の高いサイトからリンクを貼ってもらうことが重要です。質の良いコンテンツを提供することによって、地道に被リンクを増やしていくのが王道で、自社サイトとは関係のない不自然な被リンクや質の低いサイトからの被リンクは逆効果です。

また、被リンクが増えると、リンク元のサイトからのアクセスが増え、自社サイトが多くの人の目に触れる効果もあります。そして、アクセス数が増えることによって、信頼度や知名度も上がるというメリットが見込まれ、結果的に集客につながっていくという好循環が生まれていくのです。

被リンクについても、競合先のホームページの状況を調べてみましょう。無料で使える「SEOチェキ！」というホームページで競合他社のURLを入力すると、そのサイトの被リンク数や被リンク元サイトなどさまざまな情報を入手できます。検索エンジ

ンで上位に表示される競合先サイトの SEO 状況をこのツールで調べて、参考にする方法もあります。

　外部対策としては、検索ディレクトリへの登録も行いましょう。検索ディレクトリとは、テーマやジャンル別にウェブサイトを分類し、階層化したリンク集で、代表的なものに「Yahoo! カテゴリ」があります。各カテゴリから階層をたどって、探したい情報を検索していく仕組みになっています。SEO への効果は限定的ですが、アクセスの可能性を高めるために登録しておくと良いでしょう。

　これらの内部対策と外部対策をバランス良く継続的に行うことで、両者の相乗効果が生まれ、徐々に検索結果に反映され、アクセス数にも影響を及ぼします。その後、どのような変化が生じているかを把握し、さらなる改善策を検討するには、自社サイトへのアクセス内容を分析することが必要です。そのツールとしては、「グーグルアナリティクス」を使い、アクセス解析をすることをお勧めします。このツールを使うと、自社のホームページへの訪問者がどこから流入しているのか、新規ユーザーとリピー

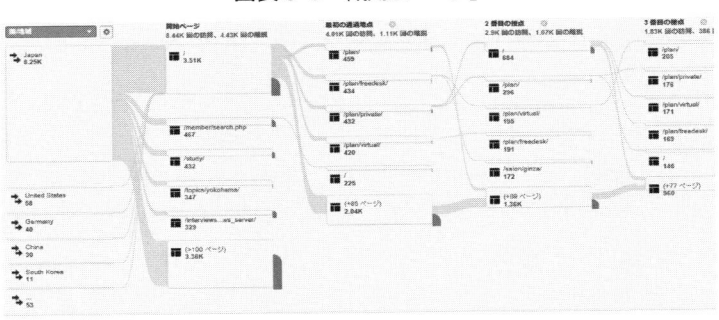

図表9-5　「離脱データ」

ターの数、検索キーワードは何か、サイト内でどのようにページを見て回ったのかなど、改善策の基礎となるデータを得られます。

特に、どのページで自社サイトから離れることが多いのかという離脱データが重要です。離脱率の高いページがあればその原因を探り、コンテンツやレイアウトの見直しなど離脱を防ぐための改善策を打ちましょう。

4 ソーシャルメディアの活用

ホームページ以外のツールとしては、FacebookやTwitterなどのソーシャル・ネットワーキング・サービス（SNS）の普及がめざましく、ビジネスでの活用も一般的になっています。これらは、ニュースやイベントなどの情報発信がしやすく、お客様との双方向のコミュニケーションが簡単にできる便利なツールです。インターネット上で、口コミのような役割を果たしてくれる効果もあります。

SNSにはさまざまなサービスが登場していますが、FacebookとTwitterの2つは集客ツールとして使ってみることをお勧めします。この2つは完全に社会に定着し、利用者も非常に多いからです。

Facebookを企業としてビジネス目的で利用する場合には、ウェブサイトのような「Facebookページ」を開設し、イベントやセミナーの開催告知など集客に使うことができます。イベントの参加申し込みもページ上でできますので、非常に便利です。自

図表9-6 「各種媒体を使った自社サイトへの誘導の仕組み」

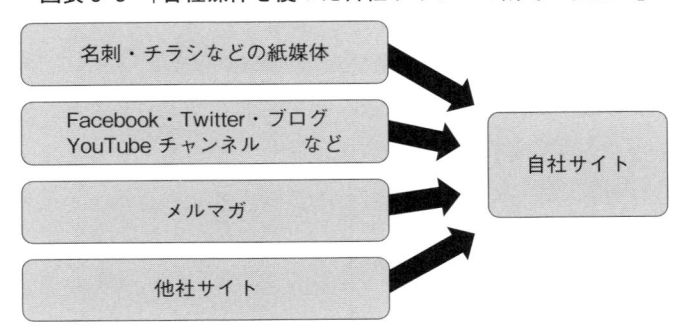

- 名刺・チラシなどの紙媒体
- Facebook・Twitter・ブログ YouTubeチャンネル　など
- メルマガ
- 他社サイト

→ 自社サイト

社のFacebookページの記事へのアクセス状況などもデータとして提供されるため、どのような情報に反応が高いのかを知ることもできます。当社も、交流会の案内をFacebookページで行っていますが、ここから参加を申し込まれる方も増えています。

一方のTwitterは、140字以内のミニブログのようなもので、多数の人に一斉に情報を発信（ツイート）でき、それを読んだ人がさらに拡散する（リツイートする）ことで、自社を知らない人にも情報が届く可能性があるメディアです。

いずれも、自社サイトへのリンクを貼付して、ホームページへ誘導するようにしましょう。図表9-6に示すように、事業を拡大するには、見込み客を集めるための入口をできるだけ多く持っておくことが重要です。

5 ブランディングの重要性 —メディアへの露出向上

販路開拓や集客においては、自社や事業の知名度と信頼性を向

上させるブランディングの活動も非常に重要です。ブランドとは、自社の商品やサービスを他社のそれと識別することが本質的な機能ですが、同じブランドであれば、常に同じ品質の商品・サービスを得られる安心と信頼を与える品質保証機能や、ブランド名を覚えてもらうことで顧客を獲得する広告宣伝機能も含んでいます。

　ここでは、新聞、テレビ、雑誌、Web媒体などのメディアへの露出を増やすことによって、自社をブランディングする方法をご説明します。

　自社が新商品や新サービスの提供を始める際は、メディアに取り上げてもらうと非常に効果が大きいものです。そのためにはまずは、こちらから情報を発信しなければなりません。その方法の1つとして「ニュースリリース」があります。ニュースリリースとは、ニュースを取材・編集する記者たちに、新商品や新サービスの概要をわかりやすく文章化して伝える、報道用資料のことです。口頭説明だけでニュースにしてもらうことは難しく、報道機関などに取り上げてもらうには、取材対象となる事業や商品・サービスなどについて文章化した情報がどうしても必要です。

　ニュースリリースで注意すべきなのは、発表する内容が自社のホームページなどでまだ公表していていない「未知の事実」であることです。メディアは、これまでになかった新しいものを求めていますので、既存のものとの違いを示すことが重要です。また、発表する事業などの社会とのかかわりを説明できると、取り上げられやすくなります。たとえば高齢者向けのサービスであれば、「敬老の日」に合わせてニュースリリースを出す、といった方法が考えられます。

図表9-7 「ニュースリリース（例）」

2010年10月26日
銀座セカンドライフ株式会社

シニア起業家の支援会社が運営するレンタルオフィスが正式オープン

　2010年10月1日、弊社は主としてシニア層を中心とした、「仕事や学習」の場として活用できるレンタルオフィスをプレオープンしました。このレンタルオフィスの名称を『銀座アントレサロン』（アントレ＝起業家（＝entrepreneur）の略）（サロン＝思想の伝播、交流、そして創出の場）と称し、11月1日から正式にオープンします。

銀座アントレサロンの構成
　銀座アントレサロンは、中央区銀座7丁目の昭和通り沿いのビル1Fにあります。サロンの道路に面した側が全面ガラス張りということもあり、日の差す環境の下で仕事や学習に打ち込むことができます。

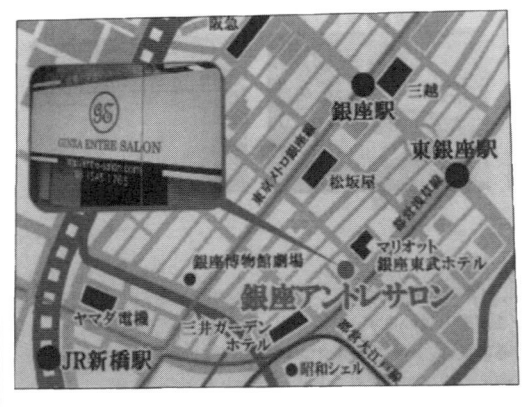

＜サロンの概要＞
・住所　〒104-0061　東京都中央区銀座7丁目13番5号 NREG銀座ビル
　　　　　　　　　　1階
・面積　120 m²
・営業時間　—　平日9：00～21：00　土曜9：00～18：00

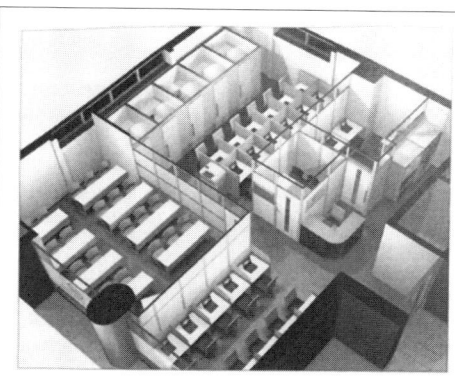

第9章　販路開拓・集客

＜サロンの施設・設備＞
■個室（5室）
■フリーデスク（22席）
■商談室（1室）
■会議室（20人収容）
・ICカード認証複合機
・シュレッダー
・セキュリティカメラ
・カード認証による
　入室チェック
・会社登記可
・常時受付応対可
・自動販売機・ロッカー

受付カウンター 　　フリーデスク 　　　フリーデスク

個　　室 　　　　会　議　室 　　　商　談　室

<u>銀座アントレサロンの利用価格</u>

　銀座アントレサロンでは、お客様の用途に応じてバーチャルオフィス、フリーデスク、個室の3つの利用プランをご用意しています。

　会社の売上が順調に伸びるに従い、バーチャルオフィスからフリーデスクへ、フリーデスクから個室へ、そして個室へ成長する会社を見届けたいと考えています。

■個室：52,500円（消費税込）
■フリーデスク：9,980円（消費税込）
■バーチャルオフィス：3,990円（消費税込）

銀座アントレサロンのサービスの特色
① 入居時点での支援
　企業の準備段階で悩むのが、事務所又は営業所の物件選びです。物件選びには交通の便などの立地条件を考えなければならず、誰でも立地条件の良い物件を選びたい気持ちは変わりません。
　しかし、立地条件が良くなるに従い、賃料は高額になり、また敷金・礼金なども高額になります。更に不動産手数料も必要です。
　銀座アントレサロンでは、会員制を取り入れることにより、敷金・礼金及び不動産手数料を一切不要としました。

② あらゆる要望に応じる起業・経営支援サービス
　一言に"起業時の悩み"と言っても、法律・会計・税金などの他、事業計画策定・融資やホームページ制作によるシステム構築など多岐にわたります。そのため、弊社では、シニア起業家が起業する上で、ワンストップで様々な相談を受けることができるようパートナー会社も含め体制を整備しています。

銀座アントレサロンの正式オープンを記念して懇親会開催
　銀座アントレサロンの会員限定で懇親会を開催します。会員同士で交流を図り、今後のビジネスの良きパートナーとして相互支援するのが目的です。
　懇親会の詳細は下記のとおりです。

　　　　■日　時：2010年10月28日（木）20：00～21：30
　　　　■会　場：銀座アントレサロン内

《ご参考》
銀座アントレサロン（レンタルオフィス）http://entre-salon.com
銀座アントレ交流会（100名規模の経営者交流会）http://ginza-entre.com

【報道関係の方からのお問い合わせ先】
　銀座セカンドライフ株式会社　担当：片桐
　電話：03-××××-××××　　E-mail：△△△＠×××××××

第9章　販路開拓・集客

　それでは、ニュースリリースの作成方法を、当社の例を使ってご説明します。図表9-7は、2010年10月、当社がレンタルオフィス事業を開始した際に配信したニュースリリースです。この配信を受けて、配信した翌日、日本経済新聞朝刊に記事が掲載されました。

　まず、ニュースリリースの配信日と社名の次に、タイトルを入れます。重要なのは、タイトルにどのようなキーワードを含めるかです。この例の場合、左から「シニア」、「起業家」、「レンタルオフィス」というキーワードを使いました。タイトルはあまり凝らずに、発表内容を忠実に表すものとしましょう。インターネットでのＳＥＯ対策と同様、キーワードの選定が重要で、キーワードも左から順番に重要な単語を使いましょう。

　次に、リード文を入れます。リード文とは本文の前の短い文章で、記事のあらましや記者に本文を読んでもらうための導入文です。100〜200文字程度で、例のように、いつ、何を、どこで、どのように始めるのかを書きます。続いて本文として、地図や写真なども入れて、サービスの詳細や価格、特色などを書いていきます。できるだけ定量的なデータを示し、定性的な表現（形容詞など）は使わないようにしましょう。ニュースリリースとは、あくまで事実を伝えるための方法であるからです。

　最終ページの一番下には、「報道関係の方からのお問い合わせ先」を記載しています。記者からの質問などを受けるために問い合わせ先を明示しておくことは、非常に重要です。質問や問い合わせが来たら、その場ですぐに対応できるようにしておきましょう。

　また本文の最後には、会員限定の懇親会を開催する旨も告知と

して入れました。このような機会を用意しておくと、記者が関心を持ってくれた場合に取材をしていただけるため、メディアとの接点の場になり得ます。

ニュースリリースは、対外的に発表する資料です。社内でしか通じない表現や言葉などは、使用してはいけません。基本は「です・ます調」で、1センテンスを可能な限り短くすることもポイントです。また当然のことですが、差別用語や不快感を与える用語を使わないよう、注意を払ってください。レイアウトは、例のように簡潔なものが一番良いでしょう。

なお、ニュースリリースをメールで送る際は、メールの件名をニュースリリースのタイトルと同じにしておくことをお勧めします。多数の受信メールの中から、記者や編集者の目にとまるようにするためです。

ニュースリリースの内容は、新しいものであると同時に、読者にとって価値があると思っていただけるものでなくてはなりません。自社の新事業がどのような課題を解決できるのかを説明し、行政のデータを示して市場のニーズを裏づけるなど、客観的に伝えることが重要です。

ニュースリリースを出す際は通常、ニュースリリース配信代行の会社を利用します。何度も取材を受けてメディアとの関係ができれば、直接、記者に送ることもありますが、当初は配信代行会社を活用することになります。掲載を保証するサービスなど、会社によって特徴があります。インターネットで「ニュースリリース　配信」で検索すると、さまざまな会社がありますので、自社のニーズに合う配信代行会社を選びましょう。

メディアに掲載されたら、ホームページやチラシ、パンフレッ

トなどに掲載実績を載せ、広告宣伝に活かしましょう。また、次の取材につなげるようなアピールも必要です。自社が各メディアへ掲載され、露出が増えていくことによって、商品・サービスに対する知名度や信用も向上し、リピーターや新規顧客の確保など、大きな集客効果を見込めるようになります。

6 展示会、ビジネスプランコンテストの活用

　見込み客を獲得し、販路を開拓する方法の1つとして、展示会への出展も検討しましょう。展示会出展のメリットとしては、多くのお客様に自社の事業を紹介する場を得られ、商談につながる可能性があることや、行政機関が主催する展示会では、行政との人脈づくりのきっかけを得られることなどが挙げられます。そのほか、行政が主催する展示会などでは、出展商品などに関する事前審査があるため、会社に対する信用やブランドが向上する効果も期待できます。

　中小企業のビジネスマッチングを目的とする代表的な展示会には、中小企業基盤整備機構（中小機構）の「中小企業総合展」や、東京都、東京商工会議所などが主催する「産業交流展」があります。また、全国で官民を問わず、さまざまな展示会や見本市が開催されており、おもな開催情報は中小機構の中小企業ビジネス支援サイト「J-Net21」の「主要展示会カレンダー」などで調べることができます。自社の事業に関連する業界の展示会・見本市を探して、出展を検討するのも良いでしょう。

　展示会への出展に関しては、行政からの助成金を活用すること

もできます。東京都の例では、東京都中小企業振興公社の「展示会等出展支援助成金」という制度があり、展示会参加費用について経費の3分の2（100万円上限）、製品カタログ等作成費用の3分の2（20万円上限）を助成するというものです。

地方自治体にも展示会への助成制度があり、当社が所在する東京都中央区は、「中小企業の展示会への出展費用の補助」を行っています。こちらは、展示会出展に係る経費の2分の1（15万円上限）を助成するものです。当社もこの助成金を受けて、展示会へ出展したことがあります。

出展にあたっては、チラシやパンフレットの制作費用も助成対象となりますので、販促資料を安くそろえられるというメリットもあります。自社の事業所が所在する自治体にも同じような助成金があるかを調べてみましょう。また展示会に限らず、事業を展開するうえで役立つことがありますので、関係する自治体の助成金制度は押さえておくことをお勧めします。

展示会に出展したら、それで終わりではなく、興味を持っていただいた見込み客へのフォローが重要です。せっかく多大な時間と費用を使って出展準備をするのですから、そこで得たチャンスはぜひ、顧客獲得につなげていただきたいと思います。当社は年間3～4回、展示会に出展しています。

また、全国の自治体や公益財団法人などが主催する各種のビジネスプランコンテストにチャレンジすることも、自社のブランドを高め、販路を開拓する1つの手段です。

コンテストは、実業家や専門家などが審査員となって実施されます。審査の対象となる項目は、コンテストによって異なりますが、ビジネスモデルの新規性や成長性、革新性、健全性、事業の

継続性、社会への貢献度のほか、経営者の資質なども見られます。書類審査も重要ですが、審査員へのプレゼンテーション内容は特に重視されますので、プレゼンを通して経営者としての能力や姿勢、対応力を問われる場となります。見方を変えれば、経営者として効果的に自社をアピールする力を鍛える良い機会にもなりますので、事前に何度も練習して本番に備えましょう。

　コンテストで受賞すると、名誉や社会的信用度が高まるほか、行政や金融機関、メディアとの人脈を作るチャンスにもつながります。また、コンテストには民間企業が協賛していることも多く、優れたビジネスプランであれば引き合いが来る可能性もありますし、交流会で将来の顧客が見つかる可能性もあります。受賞歴は、ホームページやパンフレットなどに掲載し、自社のブランディングに役立てましょう。

　当社も、これまでさまざまなコンテストに応募し、受賞してきました。下記に、行政主催のおもなビジネスプランコンテストをご紹介しますので、興味のある方はぜひチャレンジしてみてください。

・中小企業基盤整備機構「Japan Venture Awards」
・東京都大田区「大田区ビジネスプランコンテスト」
・横浜市「横浜ビジネスグランプリ」
・川崎市「かわさき起業家オーディションビジネス・アイデアシーズ市場」
・静岡市「SOHO しずおかビジネスプランコンテスト」
・東京商工会議所「勇気ある経営大賞」
・全国商工会議所女性会連合会「女性起業家大賞」

・日本政策投資銀行「DBJ 女性新ビジネスプランコンペティション」

　最後に、実務経験豊かなシニア層にお勧めできる、経済産業省関東経済産業局の「マネジメントメンター登録制度」をご紹介しておきます。
　この制度は、さまざまな経営課題を抱える地域の中小企業を支援する人材をマネジメントメンターとして登録し、マッチングを図るものです。登録の対象となるのは、長年企業などに勤務し、退職または近く退職を予定しているおおむね 60 歳以上の方々で、これまで培った経験や専門知識、人脈を活かして中小企業を支援することが期待されています。
　マネジメントメンターに登録すると、関東経済産業局と信用金庫が共催する「信用金庫の取引先企業との交流会」（新現役交流会）に参加でき、課題解決の支援を求める中小企業とのビジネスマッチングが行われます。双方の面談の結果、相互の条件が合えば業務委託の契約を結び、継続的な企業支援を行うこととなります。
　当社のレンタルオフィスをご契約いただいているお客様の中にも、マネジメントメンターに登録して活躍されている方が多数いらっしゃいます。ご自身の経験や知識を活かして起業を目指すシニア層にとって、やりがいのあるお仕事につながる可能性がありますので、ぜひ活用していただきたいと思います。

「書籍はブランディングに有効なツール」

株式会社タッツ・コンサルティング
代表取締役社長

辰己 友一 さん（64歳）

　私は、大手電機メーカーの関連会社2社で管理部門を管掌する役員を務め、60歳で定年退職しました。でも、まだまだ健康なのに、60歳で仕事を辞めるということは考えられませんでした。ボランティアも性に合わないと感じていましたので、働いて税金を納めることで社会に貢献しようと考え、起業することを決めました。現在は、経営コンサルタントと教育関連の講師業を中心に事業を行っています。

　在職中、海外企業との合弁会社にも責任者として参画し、その際にコンサル会社を活用したのですが、非常に役立ったと感じました。日本企業は何でも自前主義に陥りがちですが、外部の力を借りて課題を解決する方法もあると理解するうえで、貴重な経験でした。

　起業してしばらくは、なかなか仕事が取れずに苦労しましたが、定年後はそれほどお金も必要ではないと考え、ガツガツせずに細く長くやれれば良いことに気づいてからは、焦りがなくなりました。また、若い仲間の助けもあって少しずつ売上が上がるようになり、自信も生まれてきました。

　実は片桐さんからの勧めで、銀座セカンドライフの会員の出版社から「定年起業コンサルタント」という書籍を出版したんです。自分の著書は、名刺代わりに使える優れたブランディングのツールとなりますね。

「マネジメントメンター登録制度で中小企業のマッチングを支援」

株式会社イーズ・グループ
代表取締役

古舘 博義 さん（65歳）

　私は大手電機メーカーで、家電事業の海外展開や、通信、放送、インターネットサービスの新規事業などに携わり、さまざまな分野を経験しました。58歳で退職してからは、前職の事業戦略スタッフなどにアドバイスをしていました。そんな中、流通販促の企画・制作に携わっていた息子が独立したのをきっかけに、お互いの強みを活かそうと、片桐さんに相談のうえ、企業の経営コンサルティングや経営支援を行う会社を共同で設立することになりました。その後、片桐さんから、経済産業省・関東経済産業局の「マネジメントメンター登録制度」を紹介されました。私はさっそく登録し、中小企業の技術用途開発、販路開拓、新規事業開拓、業務提携などの支援を進めました。新たな発見や気づきがあり、在職中よりも視野が広がっています。

　現在、日本各地域で、独自の技術、製品、サービスを持つ数多くの企業がネットワークを作り、チームワークでイノベーションを起こしています。また、地域の企業が高い技術力をPRし、たとえば東京都大田区の「下町ボブスレー」ネットワークプロジェクトでは、数多くの企業が共同でボブスレーを開発し、PRしています。いままでに培ったネットワークを活かし、企業と企業がつながり、相乗効果でイノベーションを起こすのをお手伝いできることに、私は大きなやりがいを感じています。今後も、企業と企業のマッチングやイノベーションの普及をサポートし、成長を支援していきます。

第9章 販路開拓・集客

「中小企業やベンチャー企業に特化した特許事務所」

東京金子特許事務所
所長・弁理士

金子 宏さん（57歳）

　私は長年、大手企業の研究職やベンチャー企業の役員として勤務していました。ベンチャー企業に在職していた際、特許事務所と仕事をする機会がありましたが、先方が誠実に対応してくださっていても、こちらの考えを十分に伝えられないことが多く起きました。そこで、中小企業やベンチャー企業の立場で考えを理解し、行動する特許事務所を開きたいと考えて、弁理士資格を取得しました。

　起業する際は皆さん、商品名やサービス名を考えて、ホームページやパンフレットなどで広告・宣伝し、販売を開始します。そこで重要になるのが、商標登録です。もしも他社がその商標を登録していたら、事業を始めた後になって、権利の侵害として販売を差し止められる事態も招きかねません。そうなると、多大な損害を被ることもあり得ます。自社の商標を守ることも大切ですが、一方で自社が他社の権利を侵害していないかを、事業開始前に十分に調査する必要もあるのです。

　起業当初は顧客の獲得に苦労しましたが、銀座セカンドライフの交流会での人脈づくりやホームページによる情報発信で、安定して顧客を獲得できるようになってきました。これからも、中小企業やベンチャー企業の立場に立って、特許などの費用と効果を丁寧に説明すること、顧客に待たされたという印象を与えないよう、迅速に対応することをモットーに、リスクを回避し、顧客の利益を守ることに努めていきたいと思います。

＜著者情報＞

■銀座セカンドライフ株式会社
住所　東京都中央区銀座7丁目13番5号　NREG銀座ビル1階
MAIL　info@ginzasecondlife.co.jp
ＴＥＬ　03-3545-1765

■片桐実央（かたぎり　みお）
銀座セカンドライフ株式会社代表取締役。行政書士、1級ＦＰ技能士。
学習院大学法学部卒業後、花王株式会社法務・コンプライアンス部門法務部に入社し、法律の専門家としてアドバイス。その後、大和証券ＳＭＢＣ株式会社引受審査部に入社し、ＩＰＯ支援を経験した後、祖母の介護をきっかけに、一生を通じて生きがいを感じる生活を実現するための支援がしたいと思い、2008年7月銀座セカンドライフ株式会社を設立。シニア起業の支援会社として、①起業コンサル・事務サポート、②レンタルオフィス運営、③セミナー交流会を開催。年間の講演は100回を超える。毎月150件の起業相談を受け、これまでに5,000件を超える。

■執筆
講談社新書　「『シニア起業』で成功する人・しない人」
連載　産経新聞「ゆる起業のススメ」、夕刊フジ「定年起業への挑戦」

■受賞歴
中小機構 Japan Venture Awards 2014「中小機構理事長賞」受賞
全国商工会議所主催 女性起業家大賞「優秀賞」受賞　など

■メディア掲載
テレビ東京「ガイアの夜明け」、「ワールドビジネスサテライト」、ＮＨＫ「おはよう日本」、「サキどり」、「団塊スタイル」、「ラジオ深夜便」、文化放送、The Economist、日本経済新聞、日経ビジネス、日経マネー、週刊ダイヤモンドなど